हैप्पीनेस

हैप्पीनेस

क्यों और कैसे ?

सोम बाठला

प्रभात प्रकाशन

प्रकाशक
प्रभात प्रकाशन प्रा. लि.
4/19 आसफ अली रोड, नई दिल्ली-110002
फोन : 011-23289777 • हेल्पलाइन नं. : 7827007777
इ-मेल : prabhatbooks@gmail.com ❖ वेब ठिकाना : www.prabhatbooks.com

संस्करण
2026

अनुवाद
सुमित रंजन

मूल्य
चार सौ रुपए

मुद्रक
यश प्रिंटोग्राफिक्स, नोएडा

HAPPINESS
by Shri Som Bathla
(Hindi translation of BUILD A HAPPIER BRAIN)

Published by **PRABHAT PRAKASHAN PVT. LTD.**
4/19 Asaf Ali Road, New Delhi-110002

ISBN 978-93-90900-17-6

₹ 400.00 (PB)

अनुक्रम

1

परिचय

"जब मैं पाँच बरस का था, तब मेरी माँ हमेशा कहा करती थीं कि प्रसन्नता ही जीवन की कुंजी है। स्कूल में मुझसे पूछा जाता था कि बड़ा होकर मैं क्या बनना चाहता हूँ ? मैं लिखकर बताता था—'प्रसन्नचित्त'। उन्होंने मुझे कहा कि मुझे असाइनमेंट की समझ नहीं है। जबकि मैंने उन्हें कहा कि उन्हें तो जिंदगी की ही समझ नहीं है!"

—**जॉन लेनन**, गायक, बीटल्स के संस्थापक

प्रसन्न रहने के लिए सोच बदलनी जरूरी है

करीब पचास लोगों का एक समूह एक कॉन्फ्रेंस में शामिल होने पहुँचा हुआ था। अचानक वहाँ मौजूद वक्ता बोलते हुए रुक गया और उसने एक सामूहिक गतिविधि करने का निर्णय लिया। उसने प्रत्येक व्यक्ति को एक गुब्बारा दिया। प्रतिभागियों को एक टास्क पूरा करने के लिए कहा गया। हर किसी को उस गुब्बारे पर एक मार्कर से अपना नाम लिखना था।

फिर सभी गुब्बारों को इकट्ठा करके पास के ही एक कमरे में रख दिया गया और उन सभी को उस कमरे में ले जाकर वह गुब्बारा ढूँढ़ने

को कहा गया, जिस पर उनका नाम लिखा था। वह अभ्यास पूरा करने के लिए पाँच मिनट की समय-सीमा तय की गई। हर कोई बेचैन होकर अपना नाम ढूँढ़ने लगा, एक-दूसरे से टकराते हुए धक्का-मुक्की करने लगा और इस तरह वहाँ अफरा-तफरी मच गई। पाँच मिनट पूरे होने पर कुछेक लोगों को छोड़कर, किसी भी व्यक्ति को अपने नाम वाला गुब्बारा नहीं मिल सका।

सीख यह है कि हर कोई अपने आसपास खुशी ढूँढ़ रहा है, बिना यह जाने कि वह कहाँ है? लेकिन अगर किसी को इसके बारे में पता हो और वह सही रणनीति बनाने एवं खुशी हासिल करने के सही कारकों की ओर अपना ध्यान केंद्रित करे तो पता चल जाएगा कि यह हर किसी की पहुँच के भीतर ही है और बहुत जल्द प्राप्त की जा सकती है।

इसके बाद वक्ता ने टास्क में थोड़ा बदलाव किया। इस बार हर किसी को बिना किसी क्रम के कोई भी एक गुब्बारा उठाकर उस व्यक्ति को देने के लिए कहा गया, जिसका नाम उस पर लिखा हो। बस फिर क्या था, कुछ ही मिनटों में हर किसी के पास अपना-अपना गुब्बारा था।

इस घटना से हम क्या सीख सकते हैं?

सीख यह है कि हर कोई अपने आसपास खुशी ढूँढ़ रहा है, बिना यह जाने कि वह कहाँ है? लेकिन अगर किसी को इसके बारे में पता हो और वह सही रणनीति बनाने एवं खुशी हासिल करने के सही कारकों की ओर अपना ध्यान केंद्रित करे तो पता चल जाएगा कि यह हर किसी की पहुँच के भीतर ही है और बहुत जल्द प्राप्त की जा सकती है।

प्रसन्नता की खोज में हम मुख्य रूप से ऐसे ही बाह्य कारकों की ओर देखते हैं और यह मानने लगते हैं कि हमारी प्रसन्नता पूर्णरूपेण इन्हीं कारकों पर निर्भर करती है; मगर वास्तविकता में प्रसन्नता अधिकतर समय हमें अपने घेरे में तभी लेती है, जब हम अपने-अपने दिमाग अलग तरह से ठोंक-पीटकर दुरुस्त करते हुए प्रसन्नचित्त बनते हैं।

इससे पहले कि हम प्रसन्नचित्त बनें, आइए, देखते हैं कि एक प्रसन्न मन दिखता कैसा है?

चलिए, सर्वाधिक प्रसन्न मन के भीतर झाँककर देखते हैं!

हमने समय-समय पर अपने आसपास प्रसन्न लोगों को देखा है; हालाँकि इन दिनों ऐसे लोगों की संख्या बहुत अधिक नहीं रह गई है।

हमने समय-समय पर अपने आसपास प्रसन्न लोगों को देखा है; हालाँकि इन दिनों ऐसे लोगों की संख्या बहुत अधिक नहीं रह गई है।

कैसे दिखते हैं ये लोग? अकसर इनके चेहरों पर एक छोटी सी मुसकान होती है या कभी-कभी एक बड़ी सी मुसकान भी देखने को मिल जाती है। कभी-कभी ऐसा भी होता है, जब अकसर अपने बच्चों के संग खेलते हुए या डिनर या ड्रिंक्स पर परिवार व मित्रों के साथ अच्छा समय गुजारते हुए इनके चेहरों पर हँसी या खिलखिलाहट या दिल खोलकर ठहाके लगाते भी दिख जाते हैं।

लेकिन खुशनुमा एवं मुसकराते हुए चेहरे तो बस, परिणाम भर हैं और केवल इस परिणाम पर ही ध्यान केंद्रित कर देने से उस भीतरी प्रोग्रामिंग का महत्त्व कम हो जाता है, जिसके चलते इस प्रकार की खुशी मिलती है। खुशी पैदा करने के लिए हमारे मस्तिष्क में बहुत कुछ चल रहा होता है, जो हमारी भीतरी प्रोग्रामिंग या हमारे मस्तिष्क की कोडिंग

पर निर्भर करता है। मस्तिष्क में होने वाली विभिन्न प्रकार की रासायनिक प्रक्रियाओं (इस पर विस्तृत विवरण बाद में) से ही ये आनंद और प्रसन्नता के भाव जन्म लेते हैं।

जब हम इस आंतरिक कोडिंग से अज्ञात होते हैं, तब हम गलती से यह मान बैठते हैं कि जो परिणाम हमें मिल रहा है, वह किन्हीं बाह्य कारकों से उत्पन्न हुआ है। उदाहरण के तौर पर, हो सकता है कि हम यह सोचें कि हमें एक बड़े बैंक बैलेंस, आलीशान घर और गाड़ियों या स्वादिष्ट भोजन से खुशी मिल रही है।

जब हम इस आंतरिक कोडिंग से अज्ञात होते हैं, तब हम गलती से यह मान बैठते हैं कि जो परिणाम हमें मिल रहा है, वह किन्हीं बाह्य कारकों से उत्पन्न हुआ है। उदाहरण के तौर पर, हो सकता है कि हम यह सोचें कि हमें एक बड़े बैंक बैलेंस, आलीशान घर और गाड़ियों या स्वादिष्ट भोजन से खुशी मिल रही है। ऐसा इसलिए है कि प्रसन्न चेहरे और बाहरी भौतिक वस्तुएँ दोनों ही मूर्त रूप में होती हैं। आप भौतिक रूप से इन्हें अपनी आँखों से देख सकते हैं और इसलिए सतही तौर पर ऐसा प्रतीत होता है, जैसे प्रसन्नता का जन्म इन बाह्य कारकों से ही हुआ हो! यह सच है कि बाह्य कारक प्रसन्नता में वृद्धि अवश्य करते हैं, मगर केवल अल्पकाल के लिए; और जल्द ही फिर आप और अधिक प्रसन्नता तलाशने लगते हैं। इनसे आपको स्थायी प्रसन्नता प्राप्त नहीं होती है।

क्या आप देखना चाहते हैं कि एक प्रसन्न मन भीतर से कैसा दिखाई देता है?

क्यों न उस व्यक्ति के मस्तिष्क के भीतर देखा जाए, जिसे अकसर 'दुनिया का सबसे प्रसन्न व्यक्ति' कहा जाता है?

मॉलिक्युलर जेनेटिक्स में पी-एच.डी. धारक एक फ्रांसीसी बौद्ध भिक्षु और दलाई लामा के निकट सहयोगी मैथ्यू रिकार्ड विस्कॉन्सिन विश्वविद्यालय में किए जानेवाले गहन नैदानिक परीक्षणों के विषय रहे हैं, जिसके परिणामस्वरूप उनका वर्णन अकसर दुनिया के सर्वाधिक प्रसन्न व्यक्ति के तौर पर किया जाता है। यदि आप गूगल पर मात्र 'दुनिया का सबसे प्रसन्न व्यक्ति' ढूँढ़ेंगे तो उनका नाम तुरंत ही मिल जाएगा।

मनोवैज्ञानिक डॉ. डैनियल गोलमैन बताते हैं कि किस प्रकार एक एयरपोर्ट पर तीन घंटे की प्रतीक्षा मैथ्यू के आनंदमय सान्निध्य में इस प्रकार कुछ मिनटों जैसी बीत गई, जैसे कि उनके भीतर से प्रफुल्लित कर देनेवाली शांतचित्तता, करुणा और आश्चर्यजनक रूप से विनोद की आभा फूटकर उनके चारों ओर फैल रही हो!

मनोवैज्ञानिक डॉ. डैनियल गोलमैन बताते हैं कि किस प्रकार एक एयरपोर्ट पर तीन घंटे की प्रतीक्षा मैथ्यू के आनंदमय सान्निध्य में इस प्रकार कुछ मिनटों जैसी बीत गई, जैसे कि उनके भीतर से प्रफुल्लित कर देनेवाली शांतचित्तता, करुणा और आश्चर्यजनक रूप से विनोद की आभा फूटकर उनके चारों ओर फैल रही हो!

वर्ष 2012 में विस्कॉन्सिन-मेडिसन विश्वविद्यालय में मनोविज्ञान व मनोचिकित्सा के प्रोफेसर, न्यूरोवैज्ञानिक रिचर्ड डेविडसन और उनकी टीम ने एक भिक्षु के सिर की खोपड़ी में 256 सेंसरों सहित तारों का जाल बिछाकर कई घंटों तक लगातार एम.आर.आई. स्कैनिंग की, जो कि मानव मस्तिष्क पर मेडिटेशन के प्रभाव के बारे में मेडिटेशन के सैकड़ों एडवांस्ड प्रैक्टिशनरों पर किए जानेवाले शोध अध्ययन का एक हिस्सा थी।

किए गए स्कैन में यह देखने को मिला कि मेडिटेशन करते समय **रिकॉर्ड के मस्तिष्क में एक स्तर की गामा तरंगें** उत्पन्न होती हैं, जो उनकी चेतना, ध्यान, अधिगम व स्मृति से जुड़ी होती हैं। न्यूरो विज्ञानी डेविडसन के अनुसार, न्यूरोसाइंस संबंधी साहित्य में इसका उल्लेख पहले कभी नहीं किया गया था। इन गामा तरंगों का संबंध 'आशीष के भाव' से होता है तथा यह संकेंद्रण की पराकाष्ठा एवं उच्च स्तरीय ज्ञानात्मक कार्य-पद्धति की दशा उत्पन्न करती हैं। न्यूरो विज्ञानियों का मानना है कि गामा तरंगें मस्तिष्क के सभी भागों से सूचना को जोड़ने में सक्षम होती हैं।

मस्तिष्क के स्कैन में यह बात पता चली कि इस फ्रांसीसी भिक्षु में आनंद की 'असामान्य रूप से विशाल क्षमता' है। स्कैन में मस्तिष्क के आवरण के पीछे के बाएँ भाग की तुलना में आगे के बाएँ भाग में अत्यधिक सक्रियता देखने को मिली, जो प्रसन्नता के प्रति उसकी क्षमता को असामान्य रूप से अधिक बना रही थी और जिसके चलते नकारात्मकता के प्रति झुकाव कम होता था।

मस्तिष्क के स्कैन में यह बात पता चली कि इस फ्रांसीसी भिक्षु में आनंद की 'असामान्य रूप से विशाल क्षमता' है। स्कैन में मस्तिष्क के आवरण के पीछे के बाएँ भाग की तुलना में आगे के बाएँ भाग में अत्यधिक सक्रियता देखने को मिली, जो प्रसन्नता के प्रति उसकी क्षमता को असामान्य रूप से अधिक बना रही थी और जिसके चलते नकारात्मकता के प्रति झुकाव कम होता था।

जैसा कि आप देख सकते हैं, उसके मस्तिष्क के भीतर के आनंद व प्रसन्नता के भाव बाहरी कारणों से नहीं आए थे; बल्कि यह सबकुछ

मेडिटेशन एवं जीवन-शैली में किए जानेवाले अन्य बदलावों के माध्यम से ही उनके भीतर होनेवाली प्रोग्रामिंग थी। रिकॉर्ड भी अपनी प्रसन्नता के उच्च स्तरों का श्रेय अपनी गहन मेडिटेशन प्रैक्टिस को ही देते हैं।

मेडिटेशन का अभ्यास किसी व्यक्ति के समग्र विकास को बेहतर बनाने में एक महत्त्वपूर्ण भूमिका अदा करता है। रिकॉर्ड का दावा है कि मात्र एक महीने के नियमित अभ्यास से ही व्यक्ति को तनाव के स्तरों में कमी और अपने सामान्य विकास में वृद्धि जैसे लाभ देखने को मिलेंगे।

मेडिटेशन का अभ्यास किसी व्यक्ति के समग्र विकास को बेहतर बनाने में एक महत्त्वपूर्ण भूमिका अदा करता है। रिकॉर्ड का दावा है कि मात्र एक महीने के नियमित अभ्यास से ही व्यक्ति को तनाव के स्तरों में कमी और अपने सामान्य विकास में वृद्धि जैसे लाभ देखने को मिलेंगे।

मगर आनंद के भाव को पाने के लिए आपको और मुझे भिक्षु बनने की कोई जरूरत नहीं है। प्रसन्नता के मनोविज्ञान एवं न्यूरोसाइंस को समझकर तथा कुछ सामान्य सी आदतों को अपनाकर हम कहीं अधिक प्रसन्न मन को तैयार कर सकते हैं, जो एक गुणवत्तापूर्ण जीवन जीने और उसके उच्चतर आयामों का अनुभव करने में हमें सशक्त बनाता है।

आज की दुनिया में आपको एक अधिक प्रसन्न मन की जरूरत क्यों है?

किसी भी मनुष्य के समग्र कल्याण के लिए उसका प्रसन्न होना अनिवार्य है। जीवन के कई क्षेत्रों में, चाहे वे व्यक्तिगत, व्यावसायिक, संबंधों में हों या कहीं और, प्रसन्नता के मनोविज्ञान एवं इसके न्यूरोसाइंस

को समझकर तथा कुछ आदतें अपनाकर ऐसे ढेरों लाभ उठाए जा सकते हैं, जो वाकई ऐसे कमाल कर सकते हैं, जिनके बारे में इस पुस्तक में हम अधिक विस्तार से जानेंगे।

अपनी पुस्तक 'हैपियर' में तल बेन-शहर—प्रसन्नता का वर्णन मानव जीवन की सबसे बड़ी मुद्रा के रूप में करते हैं। वह कहते हैं, "किसी व्यवसाय की तरह ही मनुष्य भी लाभ कमाता और नुकसान उठाता है; हालाँकि, किसी मनुष्य के लिए सबसे बड़ी मुद्रा कोई धन नहीं है, न ही प्रसिद्धि, अमीरी या ताकत जैसा कोई बाहरी साधन है। मनुष्य के लिए सबसे बड़ी मुद्रा तो उसकी प्रसन्नता ही है।"

जीवन के हर क्षेत्र में प्रसन्नता के साथ कई अन्य सह-उत्पाद भी जन्म लेते हैं, जिन्हें समझने की अब तक हमने कोशिश नहीं की है। जब हम प्रसन्न होते हैं, तब हम न केवल आनंद, संतुष्टि, प्रेम, गर्व और विस्मय की अनुभूति करते हैं। बल्कि इनके साथ-साथ हम अपने जीवन के अन्य पहलुओं को भी बेहतर बनाते हैं"

जीवन के हर क्षेत्र में प्रसन्नता के साथ कई अन्य सह-उत्पाद भी जन्म लेते हैं, जिन्हें समझने की अब तक हमने कोशिश नहीं की है। जब हम प्रसन्न होते हैं, तब हम न केवल आनंद, संतुष्टि, प्रेम, गर्व और विस्मय की अनुभूति करते हैं। बल्कि इनके साथ-साथ हम अपने जीवन के अन्य पहलुओं को भी बेहतर बनाते हैं, जैसे कि हमारी ऊर्जा के स्तर, हमारे रोग-प्रतिरोधक तंत्र, काम में हमारी संलिप्तता और अन्य लोगों के साथ हमारे संबंध तथा हमारा शारीरिक व मानसिक स्वास्थ्य। हम आत्मविश्वास व स्वाभिमान के अपने भावों को भी सुदृढ़ करते हैं। हम यह मानना शुरू कर देते हैं कि हम काबिल

हैं, खुद में आत्म-करुणा का भाव विकसित करते हैं और खुद को सम्माननीय महसूस करने लगते हैं।

प्रसन्न होने की प्रक्रिया में हम न केवल अपने जीवन की गुणवत्ता को बेहतर बनाते हैं, बल्कि एक व्यापक स्तर पर अपनी प्रसन्नता को अपने जीवनसाथी, परिवारों, समुदायों और समाज के साथ भी साझा करते हैं।

यहाँ संक्षिप्त में उन विभिन्न लाभों की एक सूची दी गई है, जो हमें एक प्रसन्न मन का निर्माण करने पर प्राप्त होते हैं—

- हृदय गति बेहतर होती है।
- तनाव से बेहतर ढंग से निपटने में मदद मिलती है।
- एक मजबूत रोग-प्रतिरोधक तंत्र तैयार होता है।
- समग्र रूप से एक स्वस्थ जीवन-शैली सृजित होती है।
- पीड़ा कम होती है।
- जीवन लंबा होता है।
- निर्णय लेने और समस्याओं को हल करने की क्षमता बेहतर होती है।
- व्यक्तिगत व सामूहिक उत्पादकता बेहतर होती है।
- ग्राहक सेवा क्षमताएँ बेहतर हो जाती हैं।
- आपको और अधिक उत्पादक होने में मदद मिलती है, जिससे आपकी आमदनी बढ़ती है।

आपकी प्रसन्नता आपके अपने हाथों में है

"प्रसन्नता कोई पहले से तैयार वस्तु नहीं है,
यह आपके अपने कर्मों से ही उत्पन्न होती है।"

—दलाई लामा

प्रसन्नता और कुछ नहीं, बस सुख की एक भावात्मक दशा है; जैसे कि भय, क्रोध, प्रेम आदि अन्य भाव हैं। मनुष्य की परम इच्छा निरंतर सुख की स्थिति में रहने की होती है और यह इच्छा पृथ्वी पर उसके जन्म के समय से ही बलवती रहती है। कोई भी कभी पीड़ा से गुजरना नहीं चाहता है और हर कोई अधिक-से-अधिक सुख की अनुभूति करना चाहता है।

प्रसन्नता और कुछ नहीं, बस सुख की एक भावात्मक दशा है; जैसे कि भय, क्रोध, प्रेम आदि अन्य भाव हैं। मनुष्य की परम इच्छा निरंतर सुख की स्थिति में रहने की होती है और यह इच्छा पृथ्वी पर उसके जन्म के समय से ही बलवती रहती है।

विश्व-प्रसिद्ध प्रेरक वक्ता और प्रदर्शन रणनीतिकार टोनी रॉबिन्स का कहना है कि हमारे सभी व्यवहार व कर्म दो कारणों से प्रभावित होते हैं—या तो पीड़ा से बचने या फिर सुख को बढ़ाने के। आपके जीवन की हर गतिविधि के पीछे की मुख्य प्रेरणा इन्हीं दो कारणों में से कोई एक होती है।

यह बहस का विषय है कि हमारी सारी प्रौद्योगिकीय प्रगति मात्र इस कारण से होती है कि हमारी पीड़ा को कम किया जा सके और हमारे सुख में वृद्धि की जा सके। चिकित्सा विज्ञान व औषधि उद्योग की स्थापना पीड़ा को कम करने के लिए ही की गई थी। हवाई जहाज,

स्मार्टफोन या टी.वी. जैसे सभी आविष्कार हमारे आराम के स्तर को बेहतर बनाने या हमें एक अधिक मनोरंजक जीवन का अनुभव प्रदान करने के लिए ही किए गए थे।

यहाँ महत्त्वपूर्ण यह है कि हम अपने जीवन में केवल प्रसन्नता लाने के लिए ही कर्म करते हैं। हो सकता है कि हमारे कर्मों की गुणवत्ता या उनकी दिशा में दोष हो और हमें कुछ मार्गदर्शन की आवश्यकता हो; लेकिन प्रसन्नता पाना हमारे ही हाथों में है। प्रसन्नता निश्चित रूप से हमारा चयन है और यह उस कर्म या उस व्यवहार पर निर्भर करती है, जिसे हम अपने जीवन में चुनते हैं।

'द हाउ ऑफ हैप्पीनेस' की लेखिका सोन्या ल्यूबोमिस्की का सुझाव है कि हम काफी हद तक अपनी प्रसन्नता के स्तरों को नियंत्रित कर सकते हैं, जो कि हमारे द्वारा अपनाए जानेवाले जीवन-मूल्यों, बाहरी परिस्थिति की ओर हमारे रवैए तथा कुछ विशेष प्रकार के व्यवहार करने की हमारी आदतों पर निर्भर करता है।

प्रसन्नता का 40 प्रतिशत नियम

'द हाउ ऑफ हैप्पीनेस' की लेखिका सोन्या ल्यूबोमिस्की का सुझाव है कि हम काफी हद तक अपनी प्रसन्नता के स्तरों को नियंत्रित कर सकते हैं, जो कि हमारे द्वारा अपनाए जानेवाले जीवन-मूल्यों, बाहरी परिस्थिति की ओर हमारे रवैए तथा कुछ विशेष प्रकार के व्यवहार करने की हमारी आदतों पर निर्भर करता है।

मिनिसोटा विश्वविद्यालय के डेविड लिकेन और ऑक टैलेजेन द्वारा किए गए अध्ययन 'प्रसन्नता एक प्रसंभाव्य परिघटना है' से पता चलता है कि हमारी 50 प्रतिशत प्रसन्नता हमारे आनुवंशिक संघटन पर निर्भर करती है, जिसे हम बदल नहीं सकते हैं।

उसके बाद आती हैं हमारे जीवन की परिस्थितियाँ, जैसे कि शिक्षा का स्तर, वैवाहिक स्थिति, संपत्ति आदि। ये कारक हमारी प्रसन्नता के स्तर में मात्र 10 प्रतिशत की अतिरिक्त वृद्धि करते हैं। धन हमारी शारीरिक पीड़ा को कम कर सकता है, लेकिन हमें हमारे दुःखों से मुक्ति नहीं दिला सकता है। धन निश्चित तौर पर, हमें हमारे सभी भौतिक कष्टों से उबरने में मदद कर सकता है और एक अधिक आरामदेह स्थिति में पहुँचा सकता है; लेकिन यह हमें हमारे मानसिक कष्टों से निजात नहीं दिला सकता है।

धन हमारी शारीरिक पीड़ा को कम कर सकता है, लेकिन हमें हमारे दुःखों से मुक्ति नहीं दिला सकता है। धन निश्चित तौर पर, हमें हमारे सभी भौतिक कष्टों से उबरने में मदद कर सकता है और एक अधिक आरामदेह स्थिति में पहुँचा सकता है...

शेष 40 प्रतिशत इस पर निर्भर करता है कि आप कैसी प्रतिक्रिया देते हैं और कैसे आप बाहरी परिस्थितियों से प्रभावित होते हैं। यहाँ यह याद रखना जरूरी है कि आपकी प्रसन्नता को नियंत्रित करनेवाले 40 प्रतिशत कारक आपके नियंत्रण में होते हैं। इसका अर्थ है कि आप अपने बाहरी जगत् या अपनी परिस्थितियों को दोष दिए बिना अपने जीवन में बदलाव लाने की शुरुआत कर सकते हैं। परिणामस्वरूप, आपकी प्रसन्नता आपके ही हाथों में होती है। सही दिशा में आगे बढ़ते रहने के लिए आपको केवल सही कर्मों का चयन करना होता है और यही इस पुस्तक का उद्देश्य भी है।

लेकिन आपको कर्म तो करना ही होगा

मायने रखनेवाली हर बात के पीछे कोई-न-कोई कर्म छिपा होता है। जीवन में कुछ भी स्थायी रूप से पाने के लिए अत्यधिक प्रयास करने

की जरूरत होती है, जैसे कि किसी पेशे को सीखना, किसी खेल में धुरंधर बनना या किसी बच्चे का पालन-पोषण करना; लेकिन जब अपने मानसिक या भावात्मक जीवन को नियंत्रण में रखने की बात आती है तो इस तरह के सिद्धांतों को लागू करना हमें कठिन लगने लगता है। प्रयास के बिना शायद कभी हमारी किस्मत हमारा साथ दे भी दे, तब भी यह अपने जीवन को नियंत्रित रखने का सबसे सही तरीका नहीं है।

आप केवल भाग्य के भरोसे ही नहीं बैठे रह सकते, फिर चाहे वह बाह्य भौतिक जगत् में सफल होना हो या अपने मन में हो रही उथल-पुथल को काबू में करना हो। जरा सोचिए कि लोग शारीरिक व्यायाम में कितना समय, प्रयास और समर्पण लगाते हैं, फिर चाहे वह जिम जाना हो, जॉगिंग करना हो, किक बॉक्सिंग करना हो या योग करना हो। इसी प्रकार से, यदि आप बड़ी प्रसन्नता की इच्छा रखते हैं तो आपको भी इसी प्रकार से उद्यम करने होंगे।

"मायने रखनेवाली हर बात के पीछे कोई-न-कोई कर्म छिपा होता है। जीवन में कुछ भी स्थायी रूप से पाने के लिए अत्यधिक प्रयास करने की जरूरत होती है, जैसे कि किसी पेशे को सीखना, किसी खेल में धुरंधर बनना या किसी बच्चे का पालन-पोषण करना"

सरल शब्दों में कहा जाए तो स्थायी प्रसन्नता पाने के लिए कुछ ऐसे कठिन और स्थायी बदलाव करने होते हैं, जिनमें आपको प्रत्येक दिन परिश्रम व समर्पण दिखाना होता है। प्रसन्नता की राह पर चलने के लिए कर्म करना होता है; लेकिन यह भी मानकर चलिए कि प्रसन्नता पाने के लिए किया गया यह कर्म आपको एक अमीर और समृद्ध जीवन बिताने के लिए बहुत कुछ प्रदान कर सकता है। अब क्या आप इस

पुस्तक में आगे बढ़ने को तैयार हैं?

चलिए, मैं आपको जल्दी से एक परिचय दे देता हूँ कि इस पुस्तक में आपको क्या मिलेगा!

आप इस पुस्तक से क्या सीखेंगे

इस पुस्तक का उद्देश्य आपको यह सिखाना है कि एक प्रसन्न मन का निर्माण आप कैसे कर सकते हैं! प्रसन्नता कहलानेवाली मन की इस कभी-कभी संशयपूर्ण-सी दिखनेवाली दशा की ओर बढ़ने में आपकी मदद करने का यह मेरा एक विनम्र प्रयास है। सबसे पहले, हम दुःख के सबसे आम कारणों पर बात करेंगे और फिर प्रसन्नता के मनोवैज्ञानिक पहलुओं एवं विभिन्न सिद्धांतों का जायजा लेने के साथ-साथ इस पर भी गौर करेंगे कि प्रसन्नता का भाव उत्पन्न करने में न्यूरोसाइंस किस प्रकार अपनी भूमिका निभाता है।

इस पुस्तक का उद्देश्य आपको यह सिखाना है कि एक प्रसन्न मन का निर्माण आप कैसे कर सकते हैं! प्रसन्नता कहलानेवाली मन की इस कभी-कभी संशयपूर्ण-सी दिखनेवाली दशा की ओर बढ़ने में आपकी मदद करने का यह मेरा एक विनम्र प्रयास है।

और अंत में, हम जीवन को सुखमय एवं अधिक परिपूर्ण बनाने की व्यक्तिगत, प्रोफेशनल व संबंधपरक आदतों के बारे में जानेंगे।

मैं उम्मीद करता हूँ कि इस पुस्तक को पढ़ने में तो आपको आनंद आएगा ही, साथ ही इसमें उल्लिखित कुछ सकारात्मक आदतों को भी आप अवश्य अपनाएँगे।

तो चलिए, शुरू करते हैं और उन आम कारणों के बारे में जानने

से, जिनके कारण अधिकतर लोग आज प्रसन्न नहीं हैं।

अध्याय 1 : मुख्य बिंदु

प्रसन्नता इस पर निर्भर करती है कि आपके मन में क्या चल रहा है? यदि आप प्रसन्न रखना सीख लेते हैं तो इससे न केवल आपका शारीरिक व मानसिक स्वास्थ्य बेहतर होगा, बल्कि आपको बेहतर वित्तीय सफलता और एक लाभकारी कॅरियर भी प्राप्त होगा।

जिस प्रकार धन किसी व्यवसाय की मुद्रा होती है, उसी प्रकार प्रसन्नता भी आपके जीवन की मुद्रा होती है। आपका मुख्य उद्देश्य अपने लक्ष्यों को पाने की राह में अपनी प्रसन्नता के स्तरों को बढ़ाना होना चाहिए। आपकी प्रसन्नता को बाह्य घटनाओं पर आश्रित होने की जरूरत नहीं है। आप अपने जीवन में प्रसन्नता ला सकते हैं, लेकिन इसके लिए आपको कर्म करना होगा।

जिस प्रकार धन किसी व्यवसाय की मुद्रा होती है, उसी प्रकार प्रसन्नता भी आपके जीवन की मुद्रा होती है। आपका मुख्य उद्देश्य अपने लक्ष्यों को पाने की राह में अपनी प्रसन्नता के स्तरों को बढ़ाना होना चाहिए।

इसके लिए कुछ कठिन व स्थायी बदलाव करने होंगे, जिनमें आपको अपने जीवन के हर एक दिन प्रयास व समर्पण की आवश्यकता होगी। प्रसन्नता की राह पर चलने के लिए कर्म करना होता है; लेकिन यह भी मानकर चलिए कि प्रसन्नता पाने के लिए किया गया यह कर्म आपको एक अमीर और समृद्ध जीवन बिताने के लिए बहुत कुछ प्रदान कर सकता है।

□

2

आज लोगों के प्रसन्न न रहने के सबसे आम कारण

"दुःख का मुख्य कारण कभी भी परिस्थिति नहीं होती, बल्कि उस परिस्थिति के बारे में आपके विचार होते हैं।"

—एखर्ट टॉल

एक छोटा बच्चा था, जिसका परिवार बहुत ही अमीर था। एक दिन उसके पिता उसको एक निर्धन देश की यात्रा पर लेकर गए, क्योंकि वह अपने बेटे को दिखाना चाहते थे कि निर्धन व्यक्ति अपना जीवन कैसे बिताता है। वे एक अति दरिद्र परिवार के खेत पर पहुँचे और वहाँ उनके साथ रहते हुए कुछ दिन बिताए।

वापस लौटते हुए पिता ने अपने बेटे से पूछा कि उसे यात्रा कैसी लगी?

"ओह, यह तो बहुत अच्छी थी, पिताजी!" लड़के ने जवाब दिया।

"क्या तुमने गौर किया कि निर्धन व्यक्ति कैसे रहते हैं?" उसके पिता ने पूछा।

"हाँ, मैंने देखा।" लड़के ने कहा।

पिता ने अपने बेटे से उस यात्रा की यादों का वर्णन करने को कहा तो बेटे ने जवाब दिया, "हमारे पास तो एक ही कुत्ता है और उनके पास कई हैं। हमारे बाग में एक ही तालाब है, जबकि उनके पास तो पूरी एक नदी ही है, जिसका न कोई ओर है, न छोर। हमारे पास कीमती लालटेन हैं, लेकिन उनके पास तो रात के समय उनके ऊपर ढेरों तारे रहते हैं। हमारे पास तो केवल आँगन है, जबकि उनके पास पूरा आकाश है। हमारे पास जमीन का एक छोटा सा टुकड़ा है और उनके पास अनगिनत खेत हैं। हम भोजन खरीदते हैं, जबकि वे उसे उगाते हैं। हमने अपनी संपत्ति की सुरक्षा के लिए ऊँची बाड़ लगाकर घेराबंदी कर रखी है, जबकि उन्हें इसकी आवश्यकता नहीं होती, क्योंकि उनके मित्र ही यह काम कर देते हैं।"

हमारे पास तो एक ही कुत्ता है और उनके पास कई हैं। हमारे बाग में एक ही तालाब है, जबकि उनके पास तो पूरी एक नदी ही है, जिसका न कोई ओर है, न छोर। हमारे पास कीमती लालटेन हैं, लेकिन उनके पास तो रात के समय उनके ऊपर ढेरों तारे रहते हैं। हमारे पास तो केवल आँगन है, जबकि उनके पास पूरा आकाश है।

उसके पिता अवाक् रह गए। उनके मुँह से एक शब्द न निकला। फिर लड़के ने कहा, "आपका धन्यवाद पिताजी, मुझे यह दिखाने के लिए कि हम कितने गरीब हैं!"

इस कहानी से पता चलता है कि वास्तविक प्रसन्नता को मात्र भौतिक संपदा के मापदंडों पर नहीं तौला जा सकता है। प्रेम, मित्रता व स्वतंत्रता भी प्रसन्नता उत्पन्न करने में एक महत्त्वपूर्ण भूमिका अदा करते हैं।

आइए, इसे थोड़ा और अच्छे से समझाता हूँ। मैं ढेर सारा पैसा कमाने और अपने सपनों का जीवन पाने का प्रयास करने के खिलाफ

नहीं हूँ; लेकिन यही सबकुछ नहीं है। इसमें कोई दो राय नहीं है कि धन से ऐसी वस्तुएँ खरीदी जा सकती हैं, जो प्रसन्नता लाती हैं। आपको अच्छा भोजन, अच्छे कपड़े, एक बड़ा घर, एक बड़ी गाड़ी और पैसे से खरीदी जा सकनेवाली हर चीज मिल सकती है; लेकिन समस्या तब उत्पन्न होती है, जब आपको यह लगने लगता है कि केवल पैसे से ही प्रसन्नता मिल सकती है।

प्रसन्नता पर आमदनी के प्रभाव को आँकने के लिए ही प्रिंस्टन विश्वविद्यालय में वर्ष 2010 में एक अध्ययन कराया गया था, जिसके परिणाम चौंकानेवाले आए। अध्ययन से यह ज्ञात हुआ कि 75,000 डॉलर तक की वार्षिक आमदनी को प्रसन्नता का पैमाना माना जाता था।

प्रसन्नता पर आमदनी के प्रभाव को आँकने के लिए ही प्रिंस्टन विश्वविद्यालय में वर्ष 2010 में एक अध्ययन कराया गया था, जिसके परिणाम चौंकानेवाले आए। अध्ययन से यह ज्ञात हुआ कि 75,000 डॉलर तक की वार्षिक आमदनी को प्रसन्नता का पैमाना माना जाता था। इस पैमाने से जितनी नीचे किसी व्यक्ति की वार्षिक आमदनी होती थी, उतना ही कम उसकी प्रसन्नता का स्तर होता जाता था; लेकिन आश्चर्यजनक बात यह थी कि 75,000 डॉलर के पैमाने से अधिक की कोई भी कमाई उसी अनुपात में प्रसन्नता में वृद्धि नहीं करती थी।

यद्यपि यह अध्ययन करीब एक दशक पुराना है, मगर तथ्य यही है कि एक निश्चित स्तर की आमदनी होने के बाद अधिक धन से किसी व्यक्ति की प्रसन्नता में यथानुपात वृद्धि नहीं होती है।

धन से प्रसन्नता तब मिलती है, जब उसके होने से आपको अपनी

बुनियादी आवश्यकताओं के लिए संघर्ष नहीं करना पड़ता है। 'विश्व प्रसन्नता सूचकांक' के आधुनिक आँकड़े दरशाते हैं कि 'प्रसन्नता सूचकांक' की तालिका में अविकसित राष्ट्रों की तुलना में विकसित राष्ट्र समग्र रूप से कहीं ऊँचे पायदान पर स्थित हैं।

लेकिन हम बात कर रहे हैं व्यक्तिगत प्रसन्नता के बारे में। हम आपकी और मेरी प्रसन्नता के बारे में बात कर रहे हैं और इसीलिए किसी राष्ट्र विशेष में रहनेवाले लाखों लोगों के औसत पर आश्रित नहीं रहा जा सकता, खासतौर से तब, जब बात आपकी व्यक्तिगत प्रसन्नता के स्तर की हो।

हो सकता है कि आप किसी गरीब देश में रह रहे हों, लेकिन फिर भी, एक प्रसन्न मन के साथ आप आनंद और संपन्नता का जीवन व्यतीत कर सकते हैं। यह भी हो सकता है कि आप दुनिया के सबसे अमीर देश में रह रहे हों; लेकिन एक उद्यमशील मस्तिष्क की कमी के चलते आपको एक निराशापूर्ण व बदहाली भरा जीवन बिताना पड़ सकता है।

हो सकता है कि आप किसी गरीब देश में रह रहे हों, लेकिन फिर भी, एक प्रसन्न मन के साथ आप आनंद और संपन्नता का जीवन व्यतीत कर सकते हैं। यह भी हो सकता है कि आप दुनिया के सबसे अमीर देश में रह रहे हों; लेकिन एक उद्यमशील मस्तिष्क की कमी के चलते आपको एक निराशापूर्ण व बदहाली भरा जीवन बिताना पड़ सकता है।

इस अध्याय में हम इस बात के सबसे आम कारणों का विश्लेषण करेंगे कि आज की दुनिया में लोग मायूस क्यों रहते हैं? यह किसी भी प्रकार से ऐसे कारणों की कोई संपूर्ण सूची नहीं है, क्योंकि दुनिया में

लाखों लोग ऐसे हैं, जिनकी पृष्ठभूमि, जीवन-अनुभव एवं कई अन्य परिस्थितियों में भिन्नता है और इसीलिए ऐसी कोई विस्तृत सूची नहीं हो सकती। हो सकता है कि आपके अपने कुछ कारण हों, लेकिन सामान्यतः वे भी नीचे सूचीबद्ध किए गए सबसे आम कारणों की श्रेणी में या उसके निकटतम ही गिने जाएँगे।

दूसरों की परिस्थितियों को जाने बिना उनसे की जानेवाली अनावश्यक तुलना

हर बार जब हम स्वयं से अधिक सफल व प्रसिद्ध किसी व्यक्ति को देखते हैं तो अकसर सोचते हैं कि 'वाह, सचमुच इसके पास तो सबकुछ है! काश, मेरी जिंदगी भी इसके जैसी होती! मेरे जीवन में तो कितनी सारी समस्याएँ हैं!' और फिर हम उस व्यक्ति के पास मौजूद उन सभी चीजों की सूची बनाने लग जाते हैं, जिनकी हमारे पास कमी है, फिर चाहे वे बेहतर संबंध हों, एक बेहतर कॅरियर हो या ढेरों भौतिक वस्तुएँ। हम एक बहुत जरूरी बात भूल जाते हैं कि हम अपने समूचे जीवन की तुलना किसी अन्य के जीवन की उपलब्धियों के सारांश से कर रहे हैं, जो हमें अधिक अच्छी, भड़कीली और रोचक लग रही होती हैं। हम उस संघर्ष की ओर ध्यान नहीं देते हैं, जो उस व्यक्ति ने उस निश्चित स्तर की सफलता को पाने में संभवतः किया होगा।

हर बार जब हम स्वयं से अधिक सफल व प्रसिद्ध किसी व्यक्ति को देखते हैं तो अकसर सोचते हैं कि 'वाह, सचमुच इसके पास तो सबकुछ है! काश, मेरी जिंदगी भी इसके जैसी होती! मेरे जीवन में तो कितनी सारी समस्याएँ हैं!'

जो सफलता हमें दिखाई देती है, वह तो केवल पानी में डूबे हुए

हिमखंड का ऊपरी भाग मात्र होती है। हम किसी के खुशहाल जीवन को देखकर यह मान बैठते हैं कि उसे तो यह सब चाँदी के थाल में सजाकर मिल गया होगा। हमें उस कठिन समय के बारे में शायद ही ज्ञात होता है, जिससे गुजरकर उस व्यक्ति ने इस स्तर की कामयाबी हासिल की होगी।

हम ओलंपिक्स में स्वर्ण पदक जीतनेवाले व्यक्ति को देखते हैं और यह सोचे बिना नहीं रह पाते कि इस लक्ष्य को प्राप्त करने में उसने कितनी जी-तोड़ मेहनत की होगी। मात्र कुछ सेकंड या मिनट के उसके उस बेहतरीन प्रदर्शन के लिए जीते जानेवाले प्रतिष्ठित पुरस्कार के लिए की गई बरसों की कड़ी मेहनत व प्रशिक्षण और उस प्रक्रिया में दिन-रात बहाए गए पसीने की ओर हमारा ध्यान नहीं जाता।

सन् 1980 के मॉस्को ओलंपिक्स और 1984 के लॉस एंजिलेस ओलंपिक्स—दोनों की ही डेकाथलॉन प्रतियोगिता में स्वर्ण पदक जीतनेवाले प्रसिद्ध ब्रिटिश एथलीट डेली थॉम्पसन ने एथलीटों के प्रशिक्षण मैनुअल को पुनः परिभाषित करने में एक महत्त्वपूर्ण भूमिका निभाई है।

सन् 1980 के मॉस्को ओलंपिक्स और 1984 के लॉस एंजिलेस ओलंपिक्स—दोनों की ही डेकाथलॉन प्रतियोगिता में स्वर्ण पदक जीतनेवाले प्रसिद्ध ब्रिटिश एथलीट डेली थॉम्पसन ने एथलीटों के प्रशिक्षण मैनुअल को पुनः परिभाषित करने में एक महत्त्वपूर्ण भूमिका निभाई है।

अच्छा, जरा बताइए कि जब 'क्रिसमस' शब्द का उल्लेख हो, तब आपके मन में सबसे पहले विचार कौन से आते हैं? निश्चित रूप से, लगभग सभी लोग अपने परिवार व मित्रों के साथ इसे मनाने के बारे में या मिलनेवाले ढेरों उपहारों व सामान के बारे में सोचते होंगे। क्या

आप अंदाजा लगाना चाहेंगे कि इस दिन डेली थॉम्पसन की दिनचर्या में क्या होता होगा? वह अपने प्रतिद्वंद्वियों से आगे निकलने के लिए क्रिसमस पर भाप में प्रशिक्षण लेते थे। इतना ही नहीं, उन्होंने तो एक ऐसे चलन की ही शुरुआत कर दी, जिसमें एथलीटों व प्रशिक्षकों की एक पूरी पीढ़ी ही क्रिसमस के दिन को प्रशिक्षण के लिए पूरी तरह से सामान्य मानने लगी।

आज के समय में खेलकूद की कड़ी प्रतिस्पर्धा वाली दुनिया में, जहाँ जीत और हार के बीच बहुत ही बारीक अंतर हुआ करता है, हर अतिरिक्त घंटे, बल्कि हर मिनट का प्रशिक्षण भी जीत और हार के इस अंतर के बीच मायने रखता है।

आज के समय में खेलकूद की कड़ी प्रतिस्पर्धा वाली दुनिया में, जहाँ जीत और हार के बीच बहुत ही बारीक अंतर हुआ करता है, हर अतिरिक्त घंटे, बल्कि हर मिनट का प्रशिक्षण भी जीत और हार के इस अंतर के बीच मायने रखता है।

उदाहरण के तौर पर, रियो डी जेनेरियो में हुए सन् 2016 के ओलंपिक्स के पुरुषों की 100 मीटर दौड़ के फाइनल में उसेन बोल्ट ने मात्र 9.81 सेकंड में स्वर्ण पदक अपने नाम कर लिया; जबकि दौड़ में सबसे आखिरी (या आठवें) नंबर पर आनेवाले धावक ट्रेवन ब्रोमेल ने अपनी दौड़ 10.06 सेकंड में पूरी की। इस प्रकार से विजेता और अंतिम व्यक्ति के बीच मात्र 0.25 सेकंड का अंतर रहा।

कौन कहता है कि सफलता मिलना आसान है! क्या डेली थॉम्पसन को चाँदी के थाल में सजाकर सफलता भेंट की गई थी? सन् 2016 ओलंपिक्स की 100 मीटर दौड़ के फाइनल में अंतिम आनेवाले ट्रेवन

ब्रोमेल क्या आलसी थे? क्या उन्होंने कठोर प्रशिक्षण नहीं लिया था? अपने आपसे पूछें—इन उदाहरणों से हम क्या सीख ले सकते हैं? हम केवल सफलता को देखते हैं, उसकी राह में किए जानेवाले प्रयासों और असफलताओं को नहीं। सफल होने के लिए एक कीमत चुकानी पड़ती है और यदि आप अपने जीवन की तुलना दूसरों के जीवन से करेंगे, वह भी यह जाने बिना कि उसके लिए उन्हें क्या कीमत चुकानी पड़ी है, तो निश्चित तौर पर आपके हाथ मायूसी ही लगेगी।

> *सफल होने के लिए एक कीमत चुकानी पड़ती है और यदि आप अपने जीवन की तुलना दूसरों के जीवन से करेंगे, वह भी यह जाने बिना कि उसके लिए उन्हें क्या कीमत चुकानी पड़ी है, तो निश्चित तौर पर आपके हाथ मायूसी ही लगेगी।*

ऑनलाइन जगत् में आपका बनाया हुआ कृत्रिम व्यक्तित्व

आज के डिजिटल युग में लोग लगातार उस सबके संपर्क में आते हैं, जिसे अन्य लोग सोशल मीडिया पर प्रदर्शित किया करते हैं। सोशल मीडिया के आने से भी पहले हम ऑफलाइन जगत् में अपनी चीजों की तुलना दूसरों, खासतौर से अपने परिवार व मित्रों की चीजों, से किया करते थे, जैसे कि गाड़ियाँ एवं मकान और बैंक बैलेंस। अब अपने सामाजिक जीवन और अपनी संपत्ति की तुलना हम अपने परिवारजनों व मित्रों के साथ-साथ सेलेब्रिटी शख्सियतों और अमीरों तथा चर्चित हस्तियों के साथ भी करने लगे हैं। लेकिन इसमें एक बिल्कुल ही नया आयाम भी जुड़ा है, जिसे आप 'ऑनलाइन व्यक्तित्व बनाकर रखने की चाह' भी कह सकते हैं। यह ऑनलाइन व्यक्तित्व भी मात्र दिखावे के लिए, आज के तथाकथित 'ऑनलाइन दोस्तों' को दिखाने के लिए, रखा

जाता है, जो कि अकसर आपके 'ऑनलाइन दोस्तों' से अधिक और कुछ नहीं होते।

प्रायः इनमें से अधिकतर का वास्तविक दुनिया में हमसे बहुत कम या न के बराबर संबंध होता है और जिन मापदंडों पर हम में से कई लोग अपनी तुलना दूसरों के साथ करते हैं, वे अकसर आधारहीन ही होते हैं; जैसे कि ऑनलाइन हमारे द्वारा अपलोड की गई तसवीर पर मिलनेवाले 'लाइक्स' की संख्या बनाम हमारे ऑनलाइन मित्रों द्वारा अपलोड की गई तसवीरों पर मिलनेवाले लाइक्स की संख्या। देखें कि किस तरह से यह हमें प्रभावित करता है—छुट्टियाँ मनाते हुए सोशल मीडिया पर एक शानदार तसवीर खींचकर डालने की चाह में हम उस पल को भरपूर जीना पूरी तरह से भूल जाते हैं।

प्रायः इनमें से अधिकतर का वास्तविक दुनिया में हमसे बहुत कम या न के बराबर संबंध होता है और जिन मापदंडों पर हम में से कई लोग अपनी तुलना दूसरों के साथ करते हैं, वे अकसर आधारहीन ही होते हैं...

जहाँ वर्चुअल जगत् आज बस, एक क्लिक की दूरी पर आ चुका है, दूसरों के जीवन से अपने जीवन की तुलना करने की हमारी आदत और भी खतरनाक हद तक बढ़ती जा रही है।

"क्या आपने कभी किसी घोड़े को दुःखी देखा है? क्या आपने कभी किसी ऐसे पक्षी को देखा है, जो मायूस हो? पक्षियों व घोड़ों के दुःखी न होने का एक कारण यह भी है कि वे अन्य पक्षियों व घोड़ों को प्रभावित करने की कोशिश नहीं कर रहे होते हैं।"

—डेल कारनेगी

मुझे याद है कि एक बार मैं अपनी एक दोस्त से बात कर रहा था, जिसने यह स्वीकार किया कि उसे अच्छा नहीं लगता था, जब उसकी किसी पोस्ट को 100 से कम लाइक्स मिलते थे। इससे उबरने के लिए वह हर कुछ मिनट पर अपने पोस्ट लगातार रीफ्रेश किया करती थी। एक दूसरी दोस्त ने एक बार मुझसे पूछा था कि मैं उसकी तसवीरों को क्यों नहीं देखता और लाइक क्यों नहीं करता था? मैं उसे बता नहीं सका कि मुझे कैसा महसूस हुआ। अगर मुझे उसकी तसवीरें पसंद नहीं तो भला मैं क्यों उन्हें लाइक करूँ?

मुझे याद है कि एक बार मैं अपनी एक दोस्त से बात कर रहा था, जिसने यह स्वीकार किया कि उसे अच्छा नहीं लगता था, जब उसकी किसी पोस्ट को 100 से कम लाइक्स मिलते थे। इससे उबरने के लिए वह हर कुछ मिनट पर अपने पोस्ट लगातार रीफ्रेश किया करती थी।

अच्छा महसूस करने के लिए जब हम दूसरों पर निर्भर हो जाते हैं, खासतौर से सोशल मीडिया पर, तब हम अपने जीवन का नियंत्रण दूसरों को सौंप देते हैं और फिर, हम केवल तभी प्रसन्न होते हैं, जब वे कोई (लाइक) बटन दबाते हैं।

नकारात्मक लोगों से जुड़ना

हम अपनी संगति से जाने जाते हैं। अगर हम अपने आसपास सकारात्मक लोगों को रखेंगे तो उनकी सकारात्मकता का प्रवेश हमारे अंदर भी होगा। जैसा कि जिम रॉन ने कहा है, "आप उन पाँच लोगों का औसत होते हैं, जिनके साथ आप सबसे अधिक समय व्यतीत करते हैं।" दूसरी ओर, यदि हम नकारात्मक लोगों से घिरे होते हैं तो इसका विपरीत होता है। शिकायत करनेवाले लोग व्यक्ति की ऊर्जा को सोख लेनेवाले

पिशाच की तरह होते हैं। वे हर कहीं नकारात्मकता को ही ढूँढ़ते फिरते हैं, फिर चाहे वह लोगों में हो या सामान्य परिवेश में। वे हर समय बहाने बनाते फिरते हैं। हर समय झुँझलाहट भरा शिकायती रवैया अपनाकर वे घटनेवाली सभी नकारात्मक घटनाओं की पुनरावृत्ति ही करते हैं।

मैं यह नहीं कह रहा कि लोग जब बुरे दौर से गुजर रहे हों तो हमें उनके साथ सहानुभूति नहीं जतानी चाहिए। करुणा दिखाना अच्छी बात है, लेकिन उसके साथ ही यह भी जरूरी हो जाता है कि हम अपनी सीमाएँ तय कर लें। किसी के बुरे दौर में उसके प्रति सहानुभूति जताना एवं उसकी मदद करना एक बात है और हर समय शिकायत ही करते रहनेवाले लोगों की बातों पर ध्यान देना दूसरी बात है।

मैं यह नहीं कह रहा कि लोग जब बुरे दौर से गुजर रहे हों तो हमें उनके साथ सहानुभूति नहीं जतानी चाहिए। करुणा दिखाना अच्छी बात है, लेकिन उसके साथ ही यह भी जरूरी हो जाता है कि हम अपनी सीमाएँ तय कर लें।

अगर किसी कार या ट्रक से जहरीला धुआँ निकल रहा हो तो आप वहाँ बैठे रहकर उस धुएँ को सूँघते तो नहीं रहेंगे न! आप वहाँ से उठकर चले जाएँगे। यही आपको शिकायत करनेवाले लोगों के मामले में भी करना चाहिए।

जो बीत गई, सो बात गई

क्या अकसर आपका मन अतीत के पुराने पन्नों में वापस जाता रहता है, खासतौर से उन यादों में, जो आपको दु:ख की ओर धकेलती हों? इसका परिणाम यही होता है कि आप द्वेष से भर उठते हैं और अपनी उस कीमती ऊर्जा को गँवा बैठते हैं, जिसका इस्तेमाल प्रभावी ढंग से

किन्हीं उत्पादक व सकारात्मक प्रयासों में किया जा सकता था? मन में द्वेष या असंतोष का भाव रखना ठीक वैसा ही है, जैसा खुद जहर पीकर किसी दूसरे के मरने की कामना करना। अतीत में उलझे रहने से किसी का भला नहीं होता; आपका तो बिल्कुल भी नहीं। उलटे यह आप में और अधिक कटु भावों को जन्म देता है। अंत में, आप किसी और का नहीं, बल्कि अपना ही नुकसान कर बैठते हैं। किसी और की न सही, तो अपनी खातिर ही, सारी कड़वाहट और क्रोध को भुला दें। क्षमा करना शक्तिशाली व परिपक्व होने की निशानी होती है, कमजोरी की नहीं।

परिवार और दोस्तों की कमी

मनुष्यों में स्वभाव से ही अर्थपूर्ण संबंध बनाकर रखने की एक अंतर्निहित आवश्यकता होती है। अगर हम खुद को अलग-थलग कर लें और परिवार व दोस्तों से दूरी बना लें, जिनके पास जरूरत पड़ने पर हम जा सकते हों, तो सामाजिक संबंधों की कमी हमारे दुःख का सबसे बड़ा कारण बन सकती है। हम सभी को ऐसे लोगों की जरूरत होती है, जिनसे हमारी नजदीकी हो, जिनसे हम अपने दिल की बात कह सकते हों, जो एक-दूसरे की मदद के लिए तैयार रहते हों और जिनके साथ मिलकर हम कुछ चीजें कर सकते हों। हम जितने अधिक खुद में डूबे हुए होंगे, उतना ही छोटा हमारा नजरिया और दृष्टि होती जाएगी।

मनुष्यों में स्वभाव से ही अर्थपूर्ण संबंध बनाकर रखने की एक अंतर्निहित आवश्यकता होती है। अगर हम खुद को अलग-थलग कर लें और परिवार व दोस्तों से दूरी बना लें, जिनके पास जरूरत पड़ने पर हम जा सकते हों, तो सामाजिक संबंधों की कमी हमारे दुःख का सबसे बड़ा कारण बन सकती है।

अध्ययनों से पता चला है कि अलग-थलग रहना और बहुत कम सामाजिक संबंध रखना दु:ख की ओर ले जाता है। ढेरों अध्ययनों में सामाजिक जुड़ाव एवं सुख के बीच के संबंध का विश्लेषण किया गया है और सभी का मानना है कि इनमें से एक, दूसरे की ओर ले जाता है। 80 वर्षों की लंबी अवधि तक लोगों पर नजर रखनेवाले हार्वर्ड के एक सबसे लोकप्रिय अध्ययन से यह पता चला है कि अधिक मजबूत सामाजिक संबंध रखनेवाले लोग सबसे अधिक स्वस्थ और सर्वाधिक प्रसन्न लोगों में शुमार थे। एक पूरे जीवनकाल में सामाजिक जुड़ाव एक ऐसा मुख्य कारक था, जो प्रसन्नता व दीर्घायु का कारण बनता था।

अपने छोटे से चश्मे से दुनिया को देखना

व्यावहारिक रूप से देखा जाए तो कभी-कभी जिंदगी बड़ी बेरहम लग सकती है और कई बार तो ऐसा बेवजह ही हो जाता है। हो सकता है कि आपकी राय आपके लिए बहुत महत्त्व रखती हो और आपके भारी-भरकम आदर्श शायद दुनिया भर की समस्याओं को दूर करने की उत्कृष्ट कुंजी हों।

व्यावहारिक रूप से देखा जाए तो कभी-कभी जिंदगी बड़ी बेरहम लग सकती है और कई बार तो ऐसा बेवजह ही हो जाता है। हो सकता है कि आपकी राय आपके लिए बहुत महत्त्व रखती हो और आपके भारी-भरकम आदर्श शायद दुनिया भर की समस्याओं को दूर करने की उत्कृष्ट कुंजी हों।

बहरहाल, वास्तविकता इससे काफी भिन्न होती है। लोग अकसर आपके गहरे आदर्शों, मूल्यों व विचारों से असहमत होंगे। याद रखिए कि उनके खुद के आदर्श, मूल्य और विचार भी होंगे। यह मायने नहीं रखता

कि सही कौन है और गलत कौन! ध्यान रहे कि जिन लोगों से आप यह उम्मीद करते हैं कि वे आपके विश्वास और विचारों के अनुरूप पालन करें, वही लोग आपसे और अन्य लोगों से भी यही उम्मीद लगाए बैठे होंगे। उनमें से बहुत से लोग आपकी तरह ही खीझे हुए और क्रोधित होंगे या कभी-कभी उससे भी ज्यादा होंगे; क्योंकि दुनिया कभी उस अनुसार नहीं चलती, जैसी कि वे अपने चश्मे से दुनिया को देखा करते हैं। हर बार जब दुनिया हमारे मूल्यों व विचारों के अनुसार नहीं चलती और हमें गुस्सा आता है तथा झुँझलाहट होती है, तब हमें यह याद रखना चाहिए कि यह दुनिया हर तरह के लोगों से बनी है।

दुनिया के सबसे जाने-माने संशयवादियों व विचारकों में से एक और 'बिलीविंग ब्रेन' के लेखक माइकल शर्मर ने सही ढंग से इस बात का तर्क रखा है कि लोग किसी भी बात पर क्यों यकीन करते हैं!

दुनिया के सबसे जाने-माने संशयवादियों व विचारकों में से एक और 'बिलीविंग ब्रेन' के लेखक माइकल शर्मर ने सही ढंग से इस बात का तर्क रखा है कि लोग किसी भी बात पर क्यों यकीन करते हैं! वह बेबाकी के साथ अपनी बात कुछ इस तरह से सामने रखते हैं—

"हम समग्र रूप से परिवार, मित्रों, सहकर्मियों, संस्कृति व समाज द्वारा निर्मित परिवेश के परिप्रेक्ष्य में विभिन्न व्यक्तिपरक, व्यक्तिगत, भावात्मक व मनोवैज्ञानिक कारणों से अपनी आस्था को निर्मित करते हैं। अपनी आस्था निर्मित करने के बाद फिर हम ढेरों बौद्धिक कारणों, अकाट्य तर्कों व तार्किक स्पष्टीकरण देकर उनका बचाव करते, उन्हें न्यायोचित ठहराते और उनके तर्क का आधार प्रस्तुत करते हैं। आस्था का जन्म पहले ही हो जाता है; उस हेतु स्पष्टीकरण उसके बाद आता है।"

कृतज्ञ न होना

हमें हमेशा याद रखना चाहिए कि हमें जीवन में सबकुछ नहीं मिल सकता। बल्कि तथ्य तो यह है कि हमें जीवन में प्रसन्न रहने के लिए सबकुछ पाने की जरूरत भी नहीं है। अकसर सादगी का न होना ही हमें उन सभी चीजों के प्रति कृतज्ञ होने से रोकता है, जो पहले से ही हमारे जीवन में मौजूद हैं। हमें बहुत छोटी-छोटी बातों के लिए भी कृतज्ञ होना चाहिए, जैसे कि इस सुबह सोकर उठना; क्योंकि ऐसे बहुत से लोग होंगे, जो आज जीवित नहीं उठे होंगे। यह मानवीय प्रवृत्ति है कि वह जीवन में सबसे बुनियादी बातों पर महत्त्व नहीं देता; जबकि ये बातें अकसर सबसे महत्त्वपूर्ण होती हैं।

जीवन से जो कुछ भी हम चाहते हैं, वह कभी न खत्म होनेवाली एक सूची है, जो समय-समय पर हमारे वश के बाहर होती जाती है। एक अधिक महँगी कार, एक अधिक बड़ा घर और डिजाइनर कपड़े ऐसी ही कुछ चीजों के उदाहरण हैं।

जीवन से जो कुछ भी हम चाहते हैं, वह कभी न खत्म होनेवाली एक सूची है, जो समय-समय पर हमारे वश के बाहर होती जाती है। एक अधिक महँगी कार, एक अधिक बड़ा घर और डिजाइनर कपड़े ऐसी ही कुछ चीजों के उदाहरण हैं। हम उन चीजों के पीछे भागते रहते हैं, जो जरूरी नहीं कि हमें खुशी दें ही।

एक बार फिर, मैं यहाँ स्पष्ट कर देना चाहता हूँ कि मैं जीवन में भौतिक सफलता के खिलाफ नहीं हूँ; बल्कि मैं भी उसका समर्थन करता हूँ। लेकिन मेरा सिद्धांत यह कहता है कि भौतिक वस्तुओं के लिए मात्र इसलिए लालायित नहीं रहना चाहिए कि हमें उनको पाना है। धन एक प्रकार का मूल्य विनिमय है, इसलिए काम करके धन कमाना चाहिए,

ताकि उस तरह का व्यक्ति बना जा सके, जो उस मूल्य को सृजित कर सकता हो। धन का उपयोग इस तरह से करें कि वह उस मूल्य को माप सके, जो आप दुनिया को प्रदान करते हैं।

इसके अलावा, आपके जीवन की यात्रा को दो अलग-अलग चश्मों से एक साथ देखा जाना चाहिए। जो आपके पास है, उसे आपको देखना चाहिए और एहसानमंद होना चाहिए; क्योंकि इस धरती पर अधिकतर लोगों को वह भी नसीब नहीं है। मुझे नहीं मालूम कि आपकी निजी आमदनी कितनी है, लेकिन मैं यह गारंटी के साथ कह सकता हूँ कि जो लोग इस पुस्तक को पढ़ रहे हैं, वे अपनी संपत्ति की दृष्टि से इस आबादी के शीर्ष 95 प्रतिशत लोगों में आते हैं।

मुझे नहीं मालूम कि आपकी निजी आमदनी कितनी है, लेकिन मैं यह गारंटी के साथ कह सकता हूँ कि जो लोग इस पुस्तक को पढ़ रहे हैं, वे अपनी संपत्ति की दृष्टि से इस आबादी के शीर्ष 95 प्रतिशत लोगों में आते हैं।

खुद ही इसे चेक करें; वेबसाइट http://www.globalrichlist.com पर जाएँ, अपनी सालाना आमदनी एंटर करें और वह आपको बता देगा कि अपनी आमदनी की दृष्टि से आप किस स्थान पर आते हैं! यदि आपके पास एक नौकरी है या आप कोई छोटा कारोबार करते हैं, जिससे अच्छी-खासी आय होती है तो इस बात के बहुत आसार हैं कि भौतिक संपदा की दृष्टि से आप दुनिया की आबादी के शीर्ष 5 प्रतिशत में (या शायद शीर्ष 1 प्रतिशत में भी) आते होंगे। इसका मतलब है कि आप दुनिया की शेष 95 प्रतिशत आबादी से कहीं बेहतर हैं।

इसलिए, आपके पास जो कुछ भी है, आपको उसके प्रति कृतज्ञ होना चाहिए। यदि आपको अच्छा स्वास्थ्य, एक स्वस्थ परिवार और

खुशहाल जीवन जीने के लिए पर्याप्त धन प्राप्त है तो आप पहले ही दुनिया की 95 प्रतिशत आबादी से अधिक खुशकिस्मत हैं। लेकिन जो आपके पास है, उसके लिए कृतज्ञ होने का यह अर्थ बिल्कुल नहीं है कि आप पूरी तरह से निश्चिंत हो जाएँ और अपने जीवन को बेहतर बनाने की दिशा में कोई कदम न उठाएँ। कृतज्ञ होने का यह अर्थ नहीं है कि सुस्त व आलसी होकर बेहतरी की ओर बढ़ना बंद कर दिया जाए। कृतज्ञ रहते हुए भी आपको अपने छिपे हुए सामर्थ्य को ढूँढ़ते रहना और आगे बढ़ते रहना होता है। बाद के एक अध्याय में आप जानेंगे कि मनुष्य का विकास उसकी परिपूर्णता की सबसे महत्त्वपूर्ण आवश्यकताओं में से एक है।

सकारात्मक मनोविज्ञान के जनक कहे जानेवाले मार्टिन सेलिग्मैन ने (पेंसिल्वेनिया विश्वविद्यालय के शोधकर्ताओं के साथ मिलकर) कुछ परीक्षण तैयार किए हैं, जो मोटे तौर पर आपकी प्रसन्नता के स्तर को मापते हैं।

हम बाद में इस पुस्तक में जानेंगे कि कैसे अभ्यास के साथ अपनी आभार मांसपेशियों को सुगठित बनाया जाए!

आप कितने खुश हैं?

क्या आप जानना चाहते हैं कि आप कितने खुश हैं? क्या आप अपनी खुशी के स्तर को नापना चाहते हैं?

सकारात्मक मनोविज्ञान के जनक कहे जानेवाले मार्टिन सेलिग्मैन ने (पेंसिल्वेनिया विश्वविद्यालय के शोधकर्ताओं के साथ मिलकर) कुछ परीक्षण तैयार किए हैं, जो मोटे तौर पर आपकी प्रसन्नता के स्तर को मापते हैं। ये पैमाने आपके आयु वर्ग, लिंग, शिक्षा स्तर, स्थान आदि के अन्य लोगों की तुलना में आपकी प्रसन्नता के स्तर को दरशाएँगे।

इस लिंक पर क्लिक करके आप अपनी प्रसन्नता के सामान्य पैमाने को देख सकते हैं। यह परीक्षण करने के लिए आपको केवल पेंसिल्वेनिया विश्वविद्यालय के साथ साइन अप करना है (यह निःशुल्क है)—

https://www.authentichappiness.sas.upenn.edu

इतना ही नहीं, अगर आप अपनी प्रसन्नता के बारे में विस्तारपूर्वक जानना चाहते हैं कि पिछले पूरे सप्ताह से आप कैसा महसूस करते रहे हैं, तो यहाँ इस लिंक से आप अपनी प्रसन्नता का विस्तृत विश्लेषण पा सकते हैं—

https://www.authentichappiness.sas.upenn.edu/questionnaires/authentic-happiness-inventory

मैं उम्मीद करता हूँ कि आपको अच्छा 'हैप्पीनेस स्कोर' मिले। आगे बढ़ें और अपना विश्लेषण करें। मैं यहाँ आपकी प्रतीक्षा करूँगा और फिर हम अगले अध्याय की ओर बढ़ेंगे, जहाँ हम अधिक गहराई से प्रसन्नता के मानवीय मनोविज्ञान और उससे संबंधित लोकप्रिय सिद्धांतों को जानेंगे।

मैं उम्मीद करता हूँ कि आपको अच्छा 'हैप्पीनेस स्कोर' मिले। आगे बढ़ें और अपना विश्लेषण करें। मैं यहाँ आपकी प्रतीक्षा करूँगा और फिर हम अगले अध्याय की ओर बढ़ेंगे"

अध्याय 2 : मुख्य बिंदु

बेशक, आपके जीवन में प्रसन्नता लाने में धन एक महत्त्वपूर्ण भूमिका निभाता है; लेकिन इसे ही अपनी प्रसन्नता का एकमात्र कारण मानकर एक बड़ी गलती कर बैठते हैं। पैसे की कमी के अलावा भी ऐसे बहुत से कारण हैं, जिनके चलते लोग आज के समय में खुश नहीं रहते

हैं। यहाँ ऐसे कुछ आम कारण दिए गए हैं—

- **दूसरों के अतीत को जाने बिना उनके साथ बेवजह की तुलना करना :** यदि आप वह कीमत चुकाने को तैयार नहीं हैं, जो दूसरों ने चुकाई है, तो फिर तुलना करने की कोई जरूरत नहीं है। इससे आपको केवल निराशा ही हाथ लगेगी।
- **एक ऑनलाइन कृत्रिम व्यक्तित्व बनाकर रखना :** एक बनावटी जीवन जीने से आप और भी अधिक तनाव में आ जाते हैं।
- **नकारात्मक लोगों से जुड़ाव :** वे आपसे आपकी सारी ऊर्जा और आपकी खुशी छीन लेते हैं।
- **अपने अतीत में ही उलझे रहना :** अगर आप सामने के शीशे में ही देखते रहेंगे तो अपनी गाड़ी कभी तेज नहीं चला सकते।
- **परिवार और दोस्तों की कमी :** मनुष्य का विकास दूसरों की संगति में ही होता है। सामाजिक रूप से खुद को अलग-थलग कर लेना बीमारी को भी न्योता दे सकता है।
- **अपने छोटे से चश्मे से दुनिया को देखना :** आप अकेले पूरी दुनिया का आईना नहीं हो सकते, इसलिए दूसरों की नजर से भी दुनिया को समझने की कोशिश करनी चाहिए।
- **कृतज्ञ न होना :** आपके पास जो कुछ भी है, उसके लिए यदि आप कृतज्ञ नहीं हैं तो और अधिक मिलने पर आपके अधिक प्रसन्न होने की कितनी संभावना हो सकती है? अधिक पाने की चाहत में जो है, उसका आनंद लेना न भूलें।

□

3

प्रसन्नता का मनोविज्ञान कैसे काम करता है!

"जीवन को खुशहाल बनाने के लिए बहुत कम की जरूरत होती है और वह सबकुछ आपके सोचने के तरीके के भीतर ही छिपा होता है।"

—मार्क्स ऑरेलियस

अमेरिका और अधिकतर दुनिया के लोग इस व्यक्ति को चाहते थे। उसने अपने कॅरियर की शुरुआत 1970 के दशक के मध्य में सैन फ्रांसिस्को एवं लॉस एंजिलेस में एक स्टैंड-अप कॉमेडियन के तौर पर की और अपने लोकप्रिय शो 'सैन फ्रांसिस्कोज कॉमेडी रेनेसाँ' के जरिए सफलता के एक आइकन के तौर पर खुद को स्थापित किया। अपने कॉमेडी शो 'मॉर्क ऐंड मिंडी' के जरिए वह लोकप्रियता के शिखर तक पहुँचा।

और वह केवल कॉमेडी पर ही नहीं रुका। उसने खुद को चुनौती देते हुए फिल्मों में अभिनय किया और एक 'एकेडमी अवॉर्ड' भी जीता। सन् 1997 का 'एकेडमी अवॉर्ड' जीतने के साथ-साथ उसने अपने पूरे

कॅरियर में दो 'एमी अवॉर्ड', सात 'गोल्डेन ग्लोब अवॉर्ड' और चार 'ग्रैमी अवॉर्ड' तथा अन्य पुरस्कार भी जीते।

जी हाँ, मैं कॉमेडी के सितारे रॉबिन विलियम्स के बारे में बात कर रहा हूँ। हर प्रकार से वह व्यक्ति सफल था। जिस भी काम में वह अपने हाथ डालता, उसे सफलता ही हाथ लगती, फिर चाहे वह टेलीविजन हो या फिल्में। उसने इंडस्ट्री में अपनी एक अलग ही पहचान कायम की। ऐसा लगता था कि वह उपलब्धि के विज्ञान में पारंगत हो चुका हो; लेकिन चौंकानेवाली बात तब हुई, जब उसने सन् 2014 में अपने ही घर में खुद को फाँसी पर लटकाकर आत्महत्या कर ली, जो कि एक ऐसी घटना थी, जिसने पूरी दुनिया को हिलाकर रख दिया।

टोनी रॉबिन्स ने अपने एक वीडियो में कहा था कि दुनिया भर में उनके सभी कार्यक्रमों में—चाहे वह ऑस्ट्रेलिया, बीजिंग, टोक्यो, अमेरिका या ब्राजील हो—जब लोगों से यह पूछा जाता था कि क्या वे रॉबिन विलियम्स को चाहते हैं, तो 98-99 प्रतिशत लोग अपना हाथ उठाते थे।

टोनी रॉबिन्स ने अपने एक वीडियो में कहा था कि दुनिया भर में उनके सभी कार्यक्रमों में—चाहे वह ऑस्ट्रेलिया, बीजिंग, टोक्यो, अमेरिका या ब्राजील हो—जब लोगों से यह पूछा जाता था कि क्या वे रॉबिन विलियम्स को चाहते हैं, तो 98-99 प्रतिशत लोग अपना हाथ उठाते थे। दुनिया भर में उसके ऐसे लाखों प्रशंसक थे, जो रॉबिन विलियम्स द्वारा फैलाई जानेवाली प्रसन्नता से आनंदित होते थे; फिर, टोनी ने एक भावुक बात कही, "यह इनसान (विलियम्स) पूरी दुनिया को हँसाकर खुश रखता था, सिवाय खुद के।"

दुनिया भर की सारी खुशियाँ और जीवन में अत्यधिक सफलता,

जिसके लोग सपने देखा करते हैं, होने के बावजूद विलियम्स ने अवसादग्रस्त होकर अपना जीवन समाप्त कर लिया। निस्संदेह वह बहुत सफल था; लेकिन जिस तरह से उसने अपना जीवन समाप्त किया, वह दरशाता है कि सफलता उसके जीवन को अर्थ या परिपूर्णता देने में नाकाम रही थी।

उसके आत्महत्या करने के पीछे दुनिया भर के लोग अपने अलग-अलग विचार सामने रखते हैं। कुछ कहते हैं कि उसने अपने अत्यधिक अवसाद एवं मानसिक रोग के चलते ऐसा बड़ा कदम उठाया। दूसरी ओर, टोनी रॉबिन्स जैसे लोग विलियम्स की तारीफ एक ऐसे अच्छे इनसान, जिसे पूरी दुनिया चाहती थी, के तौर पर करने के साथ यह भी कहते हैं कि "विलियम्स को अपना जीवन इसलिए समाप्त करना पड़ा, क्योंकि उन्हें अपनी सफलता में भी वह पर्याप्त पूर्णता नहीं मिल पा रही थी, जिसके साथ वह अंततः एक खुशहाल जीवन बिता सकते।"

उसके आत्महत्या करने के पीछे दुनिया भर के लोग अपने अलग-अलग विचार सामने रखते हैं। कुछ कहते हैं कि उसने अपने अत्यधिक अवसाद एवं मानसिक रोग के चलते ऐसा बड़ा कदम उठाया।

खैर, विलियम्स अपने जीवन को समाप्त करने के कारणों के विवाद में अधिक गए बिना उनके जीवन की इस कहानी से जो एक संदेश लिया जा सकता है, वह यह है कि 'भौतिक सफलता ही किसी व्यक्ति के जीवन को परिपूर्णता या अर्थ दे सकती है, इस बात की कोई गारंटी नहीं है।'

अभी तक हमने इस बारे में बहुत बात की है कि किस चीज से प्रसन्नता नहीं मिल सकती! चलिए, अब उन चीजों के बारे में जानते हैं,

जिनसे हमें हमने जीवन में वास्तविक प्रसन्नता प्राप्त होती है। इस अध्याय में हम प्रसन्नता से जुड़े कुछ ऐसे मनोवैज्ञानिक सिद्धांतों के बारे में जानेंगे, जिनसे हम यह समझ सकेंगे कि कैसे इन सिद्धांतों के विकास से हमें प्रसन्नता के विभिन्न मापदंडों को समझने में मदद मिल सकती है।

हम पूछ सकते हैं कि आखिर हमें प्रसन्नता के मनोवैज्ञानिक अध्ययनों के बारे में जानने की जरूरत ही क्या है? क्यों न हम सीधे ही यह जान लें कि प्रसन्नता कैसे मिलती है?

ऐसा इसलिए, क्योंकि यदि हम किसी बात की तह में छिपे तर्काधार या तर्कपूर्ण बहस से खुद को आश्वस्त नहीं करते तो अकसर हमारा तर्कपूर्ण मन कुछ बातों को मानने के आड़े आ जाता है। जब हम विभिन्न दृष्टिकोणों के पीछे के तर्काधार की तार्किक समझ लाते हैं, तब हम बेहतर ढंग से ध्यान केंद्रित कर उन बातों को कार्यान्वित कर पाते हैं।

हम पूछ सकते हैं कि आखिर हमें प्रसन्नता के मनोवैज्ञानिक अध्ययनों के बारे में जानने की जरूरत ही क्या है? क्यों न हम सीधे ही यह जान लें कि प्रसन्नता कैसे मिलती है?

देखा जाए तो मनोविज्ञान कुछ और नहीं, बस, मानव मन और उसकी क्रियाओं का एक वैज्ञानिक अध्ययन है, खासतौर से उनका, जो किसी दिए गए परिप्रेक्ष्य में व्यवहार को प्रभावित करती हैं। इसलिए आइए, इसकी थोड़ी पृष्ठभूमि से शुरुआत करते हैं।

जब से समय की शुरुआत हुई, तब से ही मनुष्य ने यह सोचना शुरू कर दिया था कि प्रसन्नता कैसे हासिल करनी है? प्राचीन यूनानी काल से ही प्रसन्नता चर्चा का विषय रही है। प्रसन्नता के दो व्यापक पहलू या अवधारणाएँ रही हैं। वे हैं, हेडोनिया (एक यूनानी शब्द, जिसका अर्थ है 'आनंद की एक स्थिति' या उत्साह) और यूडेमोनिया (एक यूनानी

शब्द, जिसका अर्थ है 'मनुष्य का पल्लवन या समृद्धि' : यह भाव कि जीवन खुशहाल है)।

चौथी शताब्दी ईसा पूर्व के एक यूनानी दार्शनिक अरिस्टिपस ने दावा किया है कि प्रसन्नता जीवन के हेडोनियाई क्षणों का योग है। हेडोनियाई आस्वादन वह दशा है, जिसमें कोई व्यक्ति आराम महसूस करते हुए अपनी समस्याओं से एक दूरी का भाव अनुभव करता है और 'प्रसन्न' कहलाता है (रेयान और डेसी, 2001)। 'हेडोनवाद' इस बात का समर्थन करता है कि एक खुशहाल जीवन आनंद के अधिकतम भावों और न्यूनतम पीड़ा से संबंध रखता है। एक प्रसन्न व्यक्ति अत्यधिक उत्साहित रहता है और बहुत मुसकराता है, जिसमें आनंद के ढेरों पल और पीड़ा के बहुत कम क्षण होते हैं।

हेडोनियाई आस्वादन वह दशा है, जिसमें कोई व्यक्ति आराम महसूस करते हुए अपनी समस्याओं से एक दूरी का भाव अनुभव करता है और 'प्रसन्न' कहलाता है (रेयान और डेसी, 2001)।

वहीं एक अन्य यूनानी दार्शनिक अरस्तू यह तर्क देते हैं कि तर्क करने की मनुष्य की विशेष क्षमता के कारण अकेले आनंद से ही प्रसन्नता हासिल नहीं की जा सकती है, क्योंकि जानवर आनंद पाने की ओर ही प्रेरित होते हैं और मनुष्य की क्षमता जानवरों से कहीं अधिक है। प्रसन्नता के यूडेमोनियाई सिद्धांत यह तर्क सामने रखते हैं कि आनंद की खोज के बजाय प्रसन्नता व्यक्तिगत शक्तियों व सदाचार को विकसित करने का परिणाम होता है। प्रसन्नता की खोज में किसी व्यक्ति के भीतर जो महत्त्वपूर्ण कारक होना चाहिए, वह है 'पूर्ण सदाचार'। दूसरे शब्दों में कहा जाए तो व्यक्ति का एक अच्छा नैतिक चरित्र होना चाहिए। यूडेमोनिया, अरस्तू के अनुसार, 'सदाचार व्यक्त

करनेवाली गतिविधि' थी, जो अंततः एक खुशहाल जीवन की ओर ले जाती है।

इसीलिए प्रसन्नता में दो अभिन्न पहलू आते हैं—हेडोनिया (ऐंद्रिय सुख और सकारात्मक प्रभाव) तथा यूडेमोनिया (कारण का सुख : अच्छी तरह जीवन जीते हुए अच्छा काम करना, अर्थ का संज्ञानात्मक मूल्य-निर्धारण और जीवन की संतुष्टि)।

हमारे समय में या जिसे हम आधुनिक इतिहास के तौर पर परिभाषित करते हैं, प्रसन्नता के मनोविज्ञान पर गहराई से शोध, अध्ययन व विश्लेषण हुआ है। इससे प्रसन्नता के विभिन्न वैज्ञानिक सिद्धांत निकलकर सामने आए हैं; बल्कि पिछले कुछ वर्षों में प्रसन्नता के इन विभिन्न सिद्धांतों में बदलाव भी हुआ है।

हमारे समय में या जिसे हम आधुनिक इतिहास के तौर पर परिभाषित करते हैं, प्रसन्नता के मनोविज्ञान पर गहराई से शोध, अध्ययन व विश्लेषण हुआ है। इससे प्रसन्नता के विभिन्न वैज्ञानिक सिद्धांत निकलकर सामने आए हैं''

एक ऑस्ट्रियाई न्यूरोलॉजिस्ट सिग्मंड फ्रॉयड ने मनोविश्लेषण की अवधारणा का प्रतिपादन किया। मनोविश्लेषण अचेतन द्वंद्व तथा बचपन के मानसिक आघातों तथा बाद के व्यक्तित्व के गुणों और मनोविश्लेषणात्मक समस्याओं के विकास पर उनके प्रभाव पर बल देता है। मनोविश्लेषण का लक्ष्य अचेतन या अवचेतन स्तर पर जो पहले से मौजूद है, उसे सचेतन स्तर तक लाने के बारे में है और आमतौर पर इसका प्रयोग अवसाद व उत्कंठा संबंधी विकारों से निपटने के लिए होता है।

बीसवीं शताब्दी की शुरुआत में किए गए मनोवैज्ञानिक शोध का मुख्य केंद्र-बिंदु मानसिक अस्वस्थता थी। शोधकर्ताओं द्वारा अवसाद,

स्किजोफ्रेनिया और मानवीय व्यवहार के अन्य नकारात्मक पहलुओं को समझने का प्रयास किया जा रहा था। यह तब तक जारी रहा, जब तक कि 'सकारात्मक मनोविज्ञान के जनक' कहे जानेवाले मार्टिन सेलिग्मैन द्वारा सकारात्मक मनोविज्ञान की अवधारणा को सामने नहीं रखा गया, जो कि खुद सकारात्मक मनोविज्ञान के सर्वाधिक जाने-माने पक्षधर हैं। 'अमेरिकन साइकोलॉजिकल एसोसिएशन' के अध्यक्ष के तौर पर उन्होंने अल्पता व रुग्णता पर मनोविज्ञान के जोर की खिलाफत की, बल्कि सकारात्मक मनोविज्ञान में उन्होंने लोगों के मानदंडों से उठकर फलने-फूलने में उनकी मदद करने के समान महत्त्व को रेखांकित किया और 'पॉजिटिव' (सकारात्मक) शब्द की व्युत्पत्ति की।

> *ठीक-ठीक कहा जाए तो मानसिक अस्वस्थता पर पिछले फोकस ने मनुष्यों को साइकोथेरैपी के माध्यम से किसी को -9 से -3 तक और फिर 0 तक ले जाने में सक्षम बनाया; लेकिन सेलिग्मैन के अनुसार, यह किसी को 0 से +3 तक और फिर +9 तक ले जाने की अवधि थी।*

ठीक-ठीक कहा जाए तो मानसिक अस्वस्थता पर पिछले फोकस ने मनुष्यों को साइकोथेरैपी के माध्यम से किसी को -9 से -3 तक और फिर 0 तक ले जाने में सक्षम बनाया; लेकिन सेलिग्मैन के अनुसार, यह किसी को 0 से +3 तक और फिर +9 तक ले जाने की अवधि थी। यह मानसिक अस्वस्थता की अवधारणा से मानसिक स्वास्थ्य को बेहतर बनाने की ओर केंद्रित एक महत्त्वपूर्ण बदलाव था।

मैं आपके ऊपर ढेरों मनोवैज्ञानिक पृष्ठभूमियों व सिद्धांतों की बौछार नहीं करना चाहता। मैं केवल उस पर जोर देना चाहता हूँ, जो

इस अवधारणा को बेहतर ढंग से समझने के लिए आपके लिए जरूरी है। ऐसा इसलिए है, क्योंकि मुझे अपने पाठकों से यह प्रतिक्रिया मिली है कि वे मेरी पुस्तकों को मेरे द्वारा प्रासंगिक जानकारी का अच्छी तरह से एक मददगार सलाह के रूप में उन्हें उपयोगी भागों में प्रस्तुत करने के तरीकों के संयोजन के कारण पसंद करते हैं। हालाँकि, मैं इस बात की भी सराहना करता हूँ कि कुछ पाठक वास्तव में विषय से संबंधित सिद्धांतों एवं पृष्ठभूमि में अधिक गहराई तक जाना पसंद करते हैं और ऐसे पाठकों के लिए फुटनोट उन्हें उनकी पसंद के अनुसार विषय में और गहराई तक जाने में मदद करते हैं।

वर्ष 2002 की अपनी पुस्तक 'ऑथेंटिक हैप्पीनेस' में मार्टिन सेलिग्मैन कहते हैं कि प्रसन्नता के तीन अलग-अलग आयाम हैं, जिनके नाम हैं—(1) आनंददायक जीवन या आनंद, (2) अच्छा जीवन या संलिप्तता और (3) अर्थपूर्ण जीवन।

इसलिए, आइए, जरा संक्षेप में वास्तविक प्रसन्नता हासिल करने के प्रति मार्टिन सेलिग्मैन के दृष्टिकोण तथा कैसे वे मानव-कल्याण के अपने सिद्धांत के निष्कर्ष तक पहुँचे, इस बारे में बात करते हैं।

वास्तविक प्रसन्नता से खुशहाली की ओर

वर्ष 2002 की अपनी पुस्तक 'ऑथेंटिक हैप्पीनेस' में मार्टिन सेलिग्मैन कहते हैं कि प्रसन्नता के तीन अलग-अलग आयाम हैं, जिनके नाम हैं—(1) आनंददायक जीवन या आनंद, (2) अच्छा जीवन या संलिप्तता और (3) अर्थपूर्ण जीवन। जहाँ पहले दो मापदंड व्यक्तिपरक हैं, वहीं तीसरा मापदंड, कम-से-कम अंशतः, वस्तुनिष्ठ है और यह

पता लगाता है कि मात्र अपने आनंद व इच्छाओं की पूर्ति करने से अधिक अर्थपूर्ण क्या है ?

जहाँ एक ओर प्रसन्नता के तीन अभिसंस्करण एक अच्छा सिद्धांत था, दस से कम वर्षों में, वर्ष 2011 में, सेलिग्मैन ने प्रसन्नता के तीन अभिसंस्करणों में छोटा सा बदलाव किया और अपने नए मॉडल 'PERMA' को सामने रखा, जिसने प्रसन्नता के पिछले तीन अभिसंस्करणों में दो नए आयाम, नामतः—प्राप्ति और सकारात्मक संबंध जोड़े।

'PERMA' को 'खुशहाली का सिद्धांत' भी कहा जाता है, जिसमें खुशहाली, न कि प्रसन्नता, सकारात्मक मनोविज्ञान का केंद्र-बिंदु होती है; जबकि 'वास्तविक प्रसन्नता सिद्धांत' में प्रसन्नता पर ही विशेष ध्यान होता है।

'PERMA' को 'खुशहाली का सिद्धांत' भी कहा जाता है, जिसमें खुशहाली, न कि प्रसन्नता, सकारात्मक मनोविज्ञान का केंद्र-बिंदु होती है; जबकि 'वास्तविक प्रसन्नता सिद्धांत' में प्रसन्नता पर ही विशेष ध्यान होता है।

इस सिद्धांत में पाँच प्रमुख तत्त्व हैं, जिनमें से प्रत्येक खुशहाली में एक भूमिका निभाता है—

P—(Positive Emotions—सकारात्मक भाव) : यह अच्छा महसूस करने के बारे में तथा आशावादिता, आनंद एवं आस्वादन के बारे में है।

E—(Engagement—सहभागिता) : यह इस आश्रय पर आधारित है कि प्रसन्नता परिपूर्णता वाले कार्य, रोचक अभिरुचियों तथा प्रवाह से उत्पन्न होती है।

R—(Relationships—संबंध) : सामाजिक जुड़ावों, प्रेम, अंतरंगता व भावात्मक व भौतिक जुड़ाव से प्रसन्नता बढ़ती है।

M—(Meaning—अर्थ) : एक उद्देश्य का होना, जीवन का अर्थ ज्ञात करना एक महत्त्वपूर्ण कारक होता है।

A—(Accomplishments—उपलब्धियाँ) : आकांक्षाएँ, वास्तविक लक्ष्य, महत्त्वपूर्ण उपलब्धियाँ और खुद में गर्व की भावना होने से संतुष्टि का भाव आता है।

जीवन में संतुष्टि व प्रसन्नता इस तत्त्व के महत्त्वपूर्ण पहलू हैं। सभी संभाव्यताओं को ध्यान में रखते हुए इस कारक का प्रसन्नता के साथ सबसे स्पष्ट सह-संबंध है। अपना ध्यान सकारात्मक भावों पर केंद्रित करने के लिए मात्र मुसकराना ही काफी नहीं है।

खुशहाली की इष्टतम दशा प्राप्त करने के लिए व्यक्ति को PERMA के सभी पाँच तत्त्वों की आवश्यकता की पूर्ति करने का प्रयास करना चाहिए। चलिए, इनमें से प्रत्येक के बारे में थोड़ा और विस्तार से जानते हैं—

P : सकारात्मक भाव

जीवन में संतुष्टि व प्रसन्नता इस तत्त्व के महत्त्वपूर्ण पहलू हैं। सभी संभाव्यताओं को ध्यान में रखते हुए इस कारक का प्रसन्नता के साथ सबसे स्पष्ट सह-संबंध है। अपना ध्यान सकारात्मक भावों पर केंद्रित करने के लिए मात्र मुसकराना ही काफी नहीं है। इसे हासिल करने के लिए एक सकारात्मक दृष्टिकोण अपनाते हुए अपने अतीत, वर्तमान व भविष्य को उसी दृष्टिकोण से देखने की क्षमता भी होनी चाहिए।

एक आशावादी रवैया अपनाने से निजी व व्यावसायिक संबंध सुधरते हैं और रचनात्मक सोच व जोखिम उठाने की क्षमता का भी विकास होता है। इसके अतिरिक्त, ऐसे कई स्वास्थ्य-लाभ हैं, जो आशावादिता व सकारात्मकता के फलस्वरूप प्राप्त होते हैं; जैसे कि एक सुदृढ़ प्रतिरक्षा प्रणाली एवं अच्छा मानसिक स्वास्थ्य। इसके विपरीत, यदि आप एक नकारात्मक रवैया अपनाते हैं, फिर चाहे वह अतीत के किसी दु:खदायी अनुभव के कारण हो या किसी प्रतिकूल परिस्थिति के चलते, तो इसकी बहुत संभावना होती है कि आप अवसाद में चले जाएँ।

इस परिप्रेक्ष्य में प्रसन्नता और आनंद के बीच क्या अंतर है? प्रसन्नता का संबंध जीवित रहने के लिए भौतिक आवश्यकताओं, जैसे कि भूख, प्यास और नींद की पूर्ति करने से है। दूसरी ओर, आनंद आपकी बौद्धिक सक्रियता व रचनात्मक सोच का परिणाम है।

इस परिप्रेक्ष्य में प्रसन्नता और आनंद के बीच क्या अंतर है? प्रसन्नता का संबंध जीवित रहने के लिए भौतिक आवश्यकताओं, जैसे कि भूख, प्यास और नींद की पूर्ति करने से है। दूसरी ओर, आनंद आपकी बौद्धिक सक्रियता व रचनात्मक सोच का परिणाम है।

उदाहरण के तौर पर, एक क्रॉसवर्ड या सुडोकू पजल को हल करके आपको बहुत खुशी मिल सकती है, क्योंकि यह आपका ध्यान व प्रयास माँगता है और इससे आपको उपलब्धि का भाव अनुभव होता है। यह जरूरी भी है, क्योंकि इससे लोगों को जीवन में मिलनेवाली चुनौतियों का सामना एक सकारात्मक दृष्टिकोण रखते हुए करने में मदद मिलती है।

E : सहभागिता

व्यक्ति हमेशा ऐसी गतिविधियों में शामिल होना चाहता है, जिससे उसके मन में अपनी खुशहाली का भाव उत्पन्न हो और वह एक नैसर्गिक माहौल में, एक प्रवाह में खुद को बहता हुआ महसूस कर सके। आमतौर पर यह तब होता है, जब हम उन गतिविधियों पर ध्यान केंद्रित करते हैं, जो समय के साथ हमारी बुद्धिमत्ता, कौशल एवं भावात्मक क्षमताओं को बदलती हैं।

लोगों को अलग-अलग चीजों में आनंद मिलता है, फिर चाहे वह किसी यंत्र को बजाना हो, कोई खेल खेलना हो, नृत्य करना हो, किसी रोचक परियोजना पर काम करना हो या अपने शौक के किसी काम में भाग लेना ही क्यों न हो! किसी गतिविधि के दौरान समय 'उड़ता हुआ-सा' तभी प्रतीत होता है, जब उससे जुड़े लोग इस प्रकार की सहभागिता के भाव को अनुभव कर पाते हैं।

हम सभी को अपने जीवन में कुछ ऐसे की जरूरत होती है, जो हमें वर्तमान क्षण में व्यस्त रखते हुए किसी कार्य या गतिविधि में डूब जाने का अहसास दे। सहभागिता का यह प्रवाह हमारी बुद्धि, कौशल व भावात्मक क्षमताओं का विस्तार करता है।

हम सभी को अपने जीवन में कुछ ऐसे की जरूरत होती है, जो हमें वर्तमान क्षण में व्यस्त रखते हुए किसी कार्य या गतिविधि में डूब जाने का अहसास दे। सहभागिता का यह प्रवाह हमारी बुद्धि, कौशल व भावात्मक क्षमताओं का विस्तार करता है। ऐसी गतिविधियों से हमें शांति, ध्यान व आनंद की अनुभूति होती है। सेलिग्मैन सलाह देते हैं कि इस भाव को पाने के लिए हमें अपनी प्रमुख शक्तियों को पहचानना होगा और सीखना होगा कि उनका इस्तेमाल हम किस प्रकार कर सकते हैं!

यदि आप अपनी बुनियादी शक्तियों का परीक्षण करना चाहते हैं तो पेंसिल्वेनिया के इस लिंक पर जाकर एक नि:शुल्क 'आकलन प्रश्नावली' में भाग ले सकते हैं : https://www.authentichappiness.sas.upenn/edu/questionnaires/brief-strengths-test

PERMA मॉडल के इस सहभागिता पहलू पर विस्तार से एक अन्य मनोवैज्ञानिक, सकारात्मक मनोविज्ञान के सह-संस्थापक मिहायी चिकसेंतमिहायी ने भी शोध किया और इसे 'फ्लो' (Flow) का नाम दिया। वे बताते हैं, "हमारे जीवन के सबसे अच्छे पल वे नहीं हैं, जिनमें हम निश्चेष्ट, सुग्राही, आरामतलब होते हैं। सबसे अच्छे पल तो तब नसीब होते हैं, जब किसी कठिन और उपयुक्त वस्तु को पाने के लिए हमारा शरीर या मन स्वेच्छा से अपनी सीमाओं का विस्तार करता है।"

चिकसेंतमिहायी ने 'फ्लो : द साइकोलॉजी ऑफ ऑप्टिमल एक्सपीरिएंस' पुस्तक लिखी, जिसमें उन्होंने यह निष्कर्ष निकाला कि प्रसन्नता मनुष्य की एक भीतरी दशा है, न कि बाहरी। इस पुस्तक में वह उल्लेख करते हैं कि जो कुछ भी हम करते हैं, उसमें प्रवाहमयता लाकर हम अपनी प्रसन्नता को कई गुना बढ़ा सकते हैं।

चिकसेंतमिहायी ने 'फ्लो : द साइकोलॉजी ऑफ ऑप्टिमल एक्सपीरिएंस' पुस्तक लिखी, जिसमें उन्होंने यह निष्कर्ष निकाला कि प्रसन्नता मनुष्य की एक भीतरी दशा है, न कि बाहरी। इस पुस्तक में वह उल्लेख करते हैं कि जो कुछ भी हम करते हैं, उसमें प्रवाहमयता लाकर हम अपनी प्रसन्नता को कई गुना बढ़ा सकते हैं।

चिकसेंतमिहायी ने प्रवाह की दशा में स्थित किसी मनुष्य की आठ

विशेषताओं का वर्णन किया है—

- कार्य पर पूरा ध्यान केंद्रित रखना।
- लक्ष्यों को लेकर स्पष्ट रहना, प्रतिफल को ध्यान में रखना और तत्काल प्रतिक्रिया देना।
- समय में बदलाव (तेजी लाना/गति धीमी करना)।
- अनुभव आंतरिक रूप से प्रतिफलदायी होता है।
- आसानी व सहजता।
- चुनौती व कौशल के बीच संतुलन।
- कार्यों में सचेतता होना; संकोच भरा सोच-विचार न करना।
- किए जा रहे कार्य पर नियंत्रण का भाव होना।

प्रवाह की अवस्था पाने के लिए व्यक्ति को सभी प्रकार की अन्यमनस्कताओं से मुक्त होना होता है। इसके साथ ही, प्रवाहमय रहने के लिए अनुभूत चुनौतियों एवं कौशल में संतुलन रखना भी महत्त्वपूर्ण है। जब कोई चुनौती व्यक्ति के कौशल के स्तर से भी बड़ी होती है, तब वह उद्विग्न होकर तनावग्रस्त हो जाता है। दूसरी ओर, जब कौशल का स्तर चुनौती से बड़ा होता है, तब व्यक्ति उदासीन होकर विचलित होने लगता है। चिकसेंतमिहायी ने इससे यह निष्कर्ष निकाला कि 'प्रवाह लाने का आशय कौशल के स्तर और मौजूदा चुनौती के स्तर के बीच संतुलन बनाने से है।'

R : संबंध

संबंध व सामाजिक बेड़ियाँ हमारे लिए महत्त्वपूर्ण होती हैं और हमें हमारी खुशहाली के चार अन्य तत्त्वों को बनाए रखने में मदद करती हैं। मनुष्य ऐसे संबंधों के बीच फलता-फूलता है, जो उसे प्रेम व समीपता का भाव देते हैं। इसके साथ ही, अन्य मनुष्यों, विशेष रूप से परिवार के

निकट सदस्यों, सहकर्मियों व मित्रों के साथ मजबूत भावात्मक जुड़ाव और भौतिक अंत:क्रिया स्थापित करने से भी मुश्किल भरे वक्त में संबल मिलता है।

यूनिवर्सिटी ऑफ नॉर्थ कैरोलिना में मनोविज्ञान व न्यूरोसाइंस के प्रोफेसर डॉ. मिच प्रिंस्टीन ने मानव मस्तिष्क में पीड़ा के केंद्रों संबंधी शोध पर चर्चा की। उन्होंने बताया कि मूलत: हमारे मस्तिष्क में पीड़ा के केंद्र तब सक्रिय हो जाते हैं, जब हमारे ऊपर अलग-थलग हो जाने का खतरा मँडरा रहा होता है। एक विकासवादी दृष्टि से देखा जाए तो अपने अस्तित्व के साथ अगर हम कुछ सबसे बुरा कर सकते हैं तो वह है खुद को अलग-थलग कर लेना। सक्रियता के ये केंद्र हमारे शरीर में स्थित फायर अलार्म की तरह होते हैं, जो लोगों को यह दर्द महसूस करते रहने से रोकते हैं और आदर्श स्थिति में, सामाजिक रूप से किसी व्यक्ति या किसी समूह से फिर से सामाजिक रूप से जुड़ने के लिए प्रेरित करते हैं। न्यूरोसाइंस के स्तर पर यह जानना कि हम किसी समूह का एक हिस्सा हैं, हमें सुरक्षित एवं महत्त्वपूर्ण होने का अहसास देता है और बरसों से देता रहा है।

यूनिवर्सिटी ऑफ नॉर्थ कैरोलिना में मनोविज्ञान व न्यूरोसाइंस के प्रोफेसर डॉ. मिच प्रिंस्टीन ने मानव मस्तिष्क में पीड़ा के केंद्रों संबंधी शोध पर चर्चा की। उन्होंने बताया कि मूलत: हमारे मस्तिष्क में पीड़ा के केंद्र तब सक्रिय हो जाते हैं, जब हमारे ऊपर अलग-थलग हो जाने का खतरा मँडरा रहा होता है।

सेलिग्मैन ने एक बार कहा था कि "क्या आपके जीवन में कोई ऐसा है, जिसे आप सुबह के 4 बजे अपनी समस्याएँ सुनाने के लिए फोन

करने में हिचकिचाते नहीं हैं? यदि आपका जवाब 'हाँ' है तो इसकी बहुत अधिक संभावना है कि इस सवाल का जवाब 'न' में देनेवाले से अधिक लंबा आपका जीवन होगा।"

M : अर्थ

एक अर्थपूर्ण जीवन जीनेवाले व्यक्ति में खुद से परे भी किसी के प्रति खुद के होने का, अपनेपन का, लगाव का या सेवा का भाव होता है; जैसे कि परिवार व मित्र, धर्म और देश तथा अन्य।

एक अर्थपूर्ण जीवन जीनेवाले व्यक्ति में खुद से परे भी किसी के प्रति खुद के होने का, अपनेपन का, लगाव का या सेवा का भाव होता है; जैसे कि परिवार व मित्र, धर्म और देश तथा अन्य। धर्म व आध्यात्मिकता के अलावा और भी कुछ ऐसे माध्यम हैं, जो व्यक्ति के जीवन को अर्थ प्रदान करते हैं, जैसे कि स्वेच्छा से किया जानेवाला तथा धर्मार्थ कार्य, बच्चों का पालन-पोषण और रचनात्मक अभिव्यक्ति।

स्पष्ट रूप से कहा जाए तो एक अर्थपूर्ण जीवन जीने का संबंध खुद को खुद से भी बड़े किसी अन्य से जोड़ देने से है। इससे यह भाव उपजता है कि हमारे जीवन का एक अधिक बड़ा उद्देश्य है—इस अधिक बड़े अस्तित्व का भाग होने से ही हमारे जीवन को अर्थ मिलता है। ऐसे जुड़ाव का होना भी अवसाद के प्रति एक ढाल का काम करता है।

एक ऑस्ट्रियाई न्यूरोलॉजिस्ट और मनोचिकित्सक विक्टर फ्रैंकल ने अपनी पुस्तक 'मैन्स सर्च फॉर मीनिंग' में कहा है—

"सफलता को अपना ध्येय न बनाएँ। जितना अधिक आप उसे लक्षित करेंगे, उतना अधिक आप उससे चूकेंगे। प्रसन्नता की तरह ही

सफलता को खोजा नहीं जा सकता। वह तो अपने आप आती है और वह भी किसी व्यक्ति के, उसके खुद से भी बड़े कारण के प्रति उसके समर्पण के परिणामस्वरूप, या फिर खुद को किसी अन्य व्यक्ति के हाथों में सौंप देने के सह-उत्पाद के तौर पर। प्रसन्नता अपने आप आनी चाहिए—और यही बात सफलता के लिए भी लागू होती है। आपको उसकी परवाह किए बिना ही उसे आने देना होगा।"

A : उपलब्धियाँ

जीवन को दिशा देने के लिए और भीतर से उपलब्धि का भाव हासिल करने के लिए हमें लक्ष्यों और आकांक्षाओं की आवश्यकता होती है। इसका उपाय है—हासिल किए जा सकने योग्य वास्तविक लक्ष्य तय करना। उन लक्ष्यों को पाने हेतु किया जानेवाला मात्र प्रयास भर ही हमें संतुष्टि का भाव प्रदान कर सकता है। एक बार हम अंततः उन लक्ष्यों की अनुभूति कर लें तो हमें गर्व और उपलब्धि की अनुभूति होती है।

जीवन को दिशा देने के लिए और भीतर से उपलब्धि का भाव हासिल करने के लिए हमें लक्ष्यों और आकांक्षाओं की आवश्यकता होती है। इसका उपाय है—हासिल किए जा सकने योग्य वास्तविक लक्ष्य तय करना। उन लक्ष्यों को पाने हेतु किया जानेवाला मात्र प्रयास भर ही हमें संतुष्टि का भाव प्रदान कर सकता है।

सफलता, विजय, उपलब्धि और दक्षता—ये सभी उपलब्धि की अवस्था को हासिल करने के प्रयोजनार्थ अंतिम लक्ष्य व प्रक्रियाएँ हैं। सेलिग्मैन यह भी कहते हैं कि "कई लोग उपलब्धि को मात्र पाने के जुनून में उसके पीछे जाते हैं, भले ही उनमें सकारात्मक भाव या अर्थ मौजूद न हो।"

निष्कर्ष निकाला जाए तो 'PERMA' या 'खुशहाली का सिद्धांत' प्रक्रिया एवं मूल रूप—दोनों में ही व्यापक होता है।

सकारात्मक भाव एक व्यक्तिपरक चर है, जिसकी विशेषता हमारे विचार और भावनाएँ हैं। अर्थ, संबंधों एवं उपलब्धियों के व्यक्तिपरक व वस्तुपरक घटक दोनों ही होते हैं। हो सकता है कि हम यह सोचें कि हमारे पास अर्थ है, ढेरों संबंध हैं और अपने जीवन में हमने कई उच्च स्तरीय उपलब्धियाँ हासिल की हैं और फिर भी हम शायद हम—जहाँ पहुँचना था, वहाँ नहीं पहुँच सके हैं।

सकारात्मक भाव एक व्यक्तिपरक चर है, जिसकी विशेषता हमारे विचार और भावनाएँ हैं। अर्थ, संबंधों एवं उपलब्धियों के व्यक्तिपरक व वस्तुपरक घटक दोनों ही होते हैं

इस मॉडल का सकारात्मक पक्ष यह है कि खुशहाली मनगढ़ंत नहीं हो सकती। खुशहाली में अच्छा महसूस करने (व्यक्तिपरक) के साथ-साथ अर्थ, अच्छे संबंधों व उपलब्धियों (वस्तुपरक) का समावेश भी होता है। इसका उपाय यही है कि 'PERMA' मॉडल के पाँचों भागों का अधिक-से-अधिक इस्तेमाल किया जाए।

अध्याय 3 : मुख्य बिंदु

परिपूर्णता-रहित सफलता अंततः विफलता का ही रूप होती है।

सफलता के दो व्यापक पहलू या अवधारणाएँ हैं—हेडोनिया (यानी कि अधिक-से-अधिक आनंद के भावों और न्यूनतम पीड़ा के बारे में) और यूडेमोनिया (यानी कि प्रसन्नता, अलग-अलग शक्तियों व खूबियों को विकसित करने तथा उनकी अभिव्यक्ति का परिणाम है)।

पूरी तरह से जीवन के आनंद की ओर ही केंद्रित होने की बजाय

हमें एक अर्थपूर्ण जीवन जीने की ओर भी ध्यान देना चाहिए।

सकारात्मक मनोविज्ञान के जनक कहे जानेवाले मार्टिन सेलिग्मैन ने समय के साथ प्रसन्नता से जुड़े कुछ सिद्धांत विकसित किए और अंततः 'खुशहाली के सिद्धांत' या 'PERMA' मॉडल के निष्कर्ष पर पहुँचे। 'PERMA' एक संक्षिप्ताक्षर है, जिसमें प्रत्येक अक्षर एक ऐसे कारक का वर्णन करता है, जो मनुष्य की खुशहाली में एक महत्त्वपूर्ण भूमिका निभाता है। यह निम्नलिखित से बना है—

P—(Positive Emotions) सकारात्मक भाव : अच्छा, आशावादी, खुश एवं आनंदमय महसूस करना।

E—(Engagement) सहभागिता : काम पूरा करना, रोचक शौक और प्रवाह।

R—(Relationship) संबंध : सामाजिक जुड़ाव, प्रेम, आत्मीयता, भावात्मक और भौतिक जुड़ाव।

M—(Meaning) अर्थ : किसी उद्देश्य का होना, जीवन का अर्थ मालूम करना।

A—(Accomplishments) उपलब्धियाँ : आकांक्षाएँ, वास्तविक लक्ष्य, महत्त्वपूर्ण उपलब्धियाँ एवं खुद में गर्व महसूस करना।

'PERMA' मॉडल के सभी तत्त्व एक महत्त्वपूर्ण भूमिका निभाते हैं और इन सभी तत्त्वों पर उचित रूप से ध्यान देते हुए अपने जीवन की खुशहाली को और बेहतर किया जा सकता है।

□

4

प्रसन्नता व परिपूर्णता के मुख्य कारक

"आपकी दीर्घकालिक प्रसन्नता एवं परिपूर्णता अपनी आत्मा के विशेष उद्देश्य को पूरा करने और दुनिया में उस रिक्ति को भरने की आपकी क्षमता पर निर्भर करती है, जिसे केवल आप भर सकते हैं और एक ऐसा योगदान दे सकते हैं, जो केवल आप ही दे सकते हैं।"

—रॉड स्ट्राइकर

क्या हमने कभी सोचा है कि आप किसी विशेष प्रकार से ही बरताव क्यों करते हैं? हमारी भावनाओं, कर्मों, जीवन-स्तर तथा अंतिम परिणति के पीछे की क्या प्रेरणा होती है? वे मुख्य कारक कौन से हैं, जो प्रसन्नता को पाने की हमारी खोज में हमारे कर्मों को निर्देशित करते हैं?

मनुष्य के जन्म लेते ही उसके भीतर इच्छाएँ जन्म लेने लगती हैं। जब हम बच्चे होते हैं, तब हमारी प्रमुख आवश्यकताएँ भौतिक होती हैं। जैसे-जैसे हम बड़े होते जाते हैं, हमारी मनोवैज्ञानिक आवश्यकताएँ अत्यधिक महत्त्वपूर्ण होती जाती हैं।

ये इच्छाएँ पूरी होने पर तुरंत हमें प्रसन्नता और खुशी का अहसास

देती हैं; लेकिन फिर कुछ नई इच्छाएँ भी जन्म लेने लगती हैं।

इस अध्याय में हम मनुष्य की मनोवैज्ञानिक आवश्यकताओं को समझेंगे और यह जानेंगे कि कैसे वे हमारे कर्मों या व्यवहार को प्रभावित करती हैं।

I. मनुष्य की जरूरतों का पदानुक्रम

एक अमेरिकी मनोवैज्ञानिक अब्राहम मास्लो ने मनुष्यों की अलग-अलग आवश्यकताओं पर शोध किया और मनुष्य के जीवन में विकास के पहलुओं के अनुपात में उन्हें एक पदानुक्रम दिया। उनका सिद्धांत मास्लो के मानवीय आवश्यकताओं के पदानुक्रम के तौर पर प्रसिद्ध है।

नीचे दिया गया पिरामिड विभिन्न प्रकार की आवश्यकताओं से जुड़े उनके स्पष्टीकरण की व्याख्या करता है—

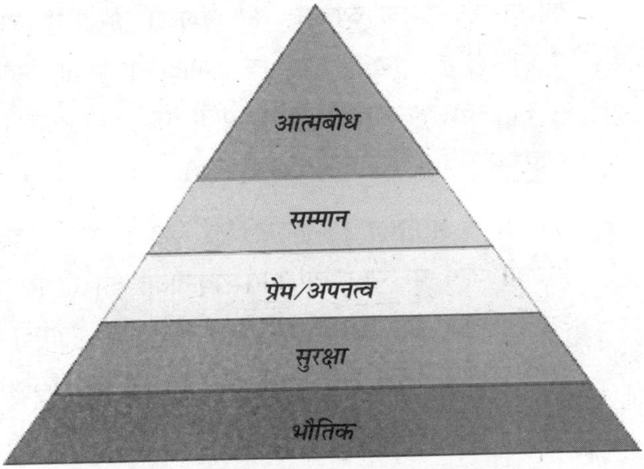

(चित्र आभार : विकिपीडिया)

अपने शुरुआती अध्ययन के भाग रूप में मास्लो ने यह समझाया कि पाँच तरह की मानवीय जरूरतें होती हैं, जिनकी शुरुआत पिरामिड

के सबसे निचले आधार से होती है। हालाँकि, अपने कॅरियर के बाद के भाग में मास्लो ने यह पता लगाया कि इन पाँच जरूरतों का संबंध मनुष्य की खुद की जरूरतों से है और फिर उसने मॉडल में मनुष्यों की छठी आवश्यकता को जगह दी। वर्ष 1943 में प्रस्तुत किए गए मास्लो के 'आवश्यकताओं के पदानुक्रम सिद्धांत' के शोध-पत्र में निम्नलिखित पाँच जरूरतों को जगह दी गई—

- **भौतिक :** ये आवश्यकताएँ मनुष्यों के जिंदा रहने तक ही सीमित हैं और मनुष्य के शरीर के अस्तित्व में रहने के लिए सर्वाधिक महत्त्वपूर्ण हैं। इनमें शामिल हैं पानी, भोजन, सिर छुपाने को छत, साँस लेना, संभोग आदि।
- **सुरक्षा :** एक बार मनुष्य की भौतिक आवश्यकताओं की उचित रूप से पूर्ति हो जाने के बाद उसकी अपनी सुरक्षा की जरूरतें उसके व्यवहार को नियंत्रित करती हैं। सुरक्षा में शामिल हैं—युद्ध व प्राकृतिक आपदा से सुरक्षा, आर्थिक सुरक्षा, स्वास्थ्य संबंधी सुरक्षा, यानी कि जरूरत पड़ने पर स्वास्थ्य संबंधी देखभाल तक पहुँच।
- **प्रेम और अपनत्व :** भौतिक एवं सुरक्षा संबंधी जरूरतें पूरी हो जाने पर मानवीय आवश्यकताओं का तीसरा स्तर अंतर्वैयक्तिक है, जिसमें अपनेपन के भाव शामिल हैं। इसमें परिवार, मित्रों और किसी के साथ आत्मीय संबंध की आवश्यकता शामिल है।
- **सम्मान :** सम्मान संबंधी आवश्यकताएँ स्वाभिमान या प्रतिष्ठा संबंधी आवश्यकताएँ होती हैं; जैसे कि दूसरों से मिलनेवाली पहचान, प्रतिष्ठा, महत्त्व और आदर। सभी मनुष्य चाहते हैं कि

उनका आदर किया जाए। इसमें स्वाभिमान व आत्म-सम्मान की जरूरत शामिल है।

- **आत्मबोध :** आवश्यकता के इस स्तर में यह ज्ञात होता है कि किसी व्यक्ति का पूर्ण सामर्थ्य कितना है और उस सामर्थ्य का बोध होना भी। मनुष्य जो सबसे बड़ी चीज बन सकता है, वह बनने के लिए सबकुछ पा लेने की उसकी इच्छा के रूप में ही मास्लो ने इस स्तर का वर्णन किया है।

अपने कॅरियर के बाद के हिस्से में मास्लो ने फ्रैंकल की बातों के महत्त्व को समझा। फ्रैंकल के कार्य से प्रभावित होकर मास्लो ने सन् 1969 में आवश्यकताओं के आयाम की गहराई से पड़ताल की और फिर छठी आवश्यकता का प्रतिपादन किया—स्वातिगता, यानी कि खुद से भी श्रेष्ठ हो जाना।

लेकिन 'द मैन्स सर्च फॉर मीनिंग' लिखनेवाले विक्टर फ्रैंकल ने द्वितीय विश्व युद्ध के दौरान जर्मनी के यातना शिविरों में बिताए अपने दुःखदायी प्रवास के बाद यह विचार किया कि पूरी तरह आत्म-केंद्रित हो जाना होता है और अंततः घातक सिद्ध होता है। उन्होंने सुझाव दिया कि जीवन में वास्तविक परिपूर्णता तभी मिलती है, जब कोई व्यक्ति खुद से भी ऊपर उठ जाता है।

अपने कॅरियर के बाद के हिस्से में मास्लो ने फ्रैंकल की बातों के महत्त्व को समझा। फ्रैंकल के कार्य से प्रभावित होकर मास्लो ने सन् 1969 में आवश्यकताओं के आयाम की गहराई से पड़ताल की और फिर छठी आवश्यकता का प्रतिपादन किया—स्वातिगता, यानी कि खुद से भी श्रेष्ठ हो जाना।

- **स्वातिगता :** स्वातिगता की आवश्यकता यह कहती है कि 'स्व' को अपना बोध तब ही होता है, जब वह स्वयं को किसी बड़े बाहरी लक्ष्य को सौंप दे। उसने कहा कि "पूर्णतः विकसित (और बहुत ही भाग्यशाली) व्यक्ति, जो श्रेष्ठ परिस्थितियों में कार्य करते हैं, वे उन मूल्यों से अभिप्रेरित हो जाते हैं, जो उनके 'स्व' को चरमोत्कर्ष तक पहुँचा सके। वे उस पद के पुराने भाव में और स्वार्थी नहीं रह जाते हैं।"

> ***यदि आपने अपने जीवन की शुरुआत पिरामिड के निचले पायदानों से की है तो आप आसानी से अपने जीवन के उन चरणों एवं अपनी आवश्यकताओं की प्राथमिकताओं के निर्धारण को इस संदर्भ में समझ सकते हैं।***

आप देख सकते हैं कि आपके माता-पिता का जीवन और आपका जीवन आवश्यकताओं की उपर्युक्त वर्णित शैली का ही अनुसरण करता है। यदि आपने अपने जीवन की शुरुआत पिरामिड के निचले पायदानों से की है तो आप आसानी से अपने जीवन के उन चरणों एवं अपनी आवश्यकताओं की प्राथमिकताओं के निर्धारण को इस संदर्भ में समझ सकते हैं। अपनी निजी सुरक्षा संबंधी आवश्यकताओं की ओर बढ़ने से पहले अपने भोजन व आवास जैसी बुनियादी आवश्यकताओं के बारे में सोचना आपने शुरू कर दिया होगा। एक बार आपकी भौतिक एवं सुरक्षा संबंधी आवश्यकताएँ पूरी हो जाने पर आप प्रेम व अपनेपन की ओर बढ़ते हैं और फिर आत्म-सम्मान की ओर। यदि आप विकासोन्मुखी हैं तो नए कौशल सीखते हुए और अपने चुने हुए लक्ष्यों की खोज में उन्हें कार्यान्वित करते हुए आप पहले ही अपने पूर्ण सामर्थ्य को श्रेष्ठता की ओर ले जाने के पथ पर अग्रसर हैं।

लेकिन यहाँ बात यह है कि पहली पाँच आवश्यकताएँ आपकी अपनी जरूरतों से संबंधित हैं और एक बार पाँच पायदानों वाले पिरामिड के शीर्ष पर पहुँच जाने के बाद भी आप परिपूर्णता की कमी महसूस करते हैं। यह जगत् में अपना योगदान करने की आपकी तीव्र इच्छा है, जो स्वयं आपसे भी ऊपर उठकर अंततः आपको परिपूर्णता का अहसास कराती है।

पिछले अध्याय में हमने 'PERMA' मॉडल के बारे में सीखा और यह जाना कि 'अर्थ' का लक्ष्य भी कुछ वैसा ही है, जो जीवन का अर्थ या उद्देश्य ज्ञात करने में है, जो कि व्यक्ति के 'स्व' से भी ऊपर उठ जाता है।

II. अंतर्निहित मनोवैज्ञानिक आवश्यकताएँ

रोशेस्टर विश्वविद्यालय के मनोवैज्ञानिकों एडवर्ड एल. डेसी और रिचर्ड एम. रेयान ने अभिप्रेरण व व्यक्तित्व का एक सिद्धांत प्रतिपादित किया, जो 'आत्म-निर्धारण के सिद्धांत' के तौर पर प्रसिद्ध है। यह सिद्धांत कहता है कि अपनी अंतर्निहित मनोवैज्ञानिक आवश्यकताओं की पूर्ति से ही मनुष्य आगे बढ़ने और विकसित होने की ओर अभिप्रेरित होता है।

रोशेस्टर विश्वविद्यालय के मनोवैज्ञानिकों एडवर्ड एल. डेसी और रिचर्ड एम. रेयान ने अभिप्रेरण व व्यक्तित्व का एक सिद्धांत प्रतिपादित किया, जो 'आत्म-निर्धारण के सिद्धांत' के तौर पर प्रसिद्ध है।

यह सिद्धांत अनिवार्य रूप से तीन मूल व सर्वव्यापी प्रमुख मनोवैज्ञानिक आवश्यकताओं को चिह्नित करता है।

एक बार बुनियादी भौतिक आवश्यकताओं (रोटी, कपड़े व मकान) की पूर्ति हो जाने पर ही हम मनोवैज्ञानिक आवश्यकताओं का रुख करते हैं। यहाँ तीन प्रमुख मनोवैज्ञानिक आवश्यकताएँ दी गई हैं, जैसा कि 'आत्म-निर्धारण के सिद्धांत' द्वारा प्रतिपादित किया गया है—

- **जुड़ाव की आवश्यकता :** दुनिया के 10 प्रतिशत सबसे प्रसन्न व्यक्तियों का परीक्षण करनेवाले एक अध्ययन में यह पाया गया कि उनका कम-से-कम एक आत्मीय संबंध है। इसलिए यह कहा गया कि अपनेपन या आत्मीय जुड़ाव का भाव कोई विलासिता नहीं है, बल्कि यह तो सबसे प्रसन्न समूह का भाग होने की एक अनिवार्यता है।

- **दक्षता की आवश्यकता :** अगली मनोवैज्ञानिक आवश्यकता, जिसे भी वह कॅरियर के रूप में चुने, उसमें उसके कार्य-साधक होने की है। यह आवश्यकता अपनी पसंद के कार्यक्षेत्र में पारंगत होने की है। हमें यह महसूस करने की जरूरत है कि हम किसी काम में अच्छे हैं, यानी कि हमारा पेशा या शौक आदि। यदि आपको यह लगता है कि आप किसी भी काम में अच्छे नहीं हैं तो आप वास्तव में प्रसन्न नहीं रह पाएँगे और फिर, इसके भी आसार होंगे कि आप अमीर न बन पाएँ।

- **स्वायत्तता के भाव की आवश्यकता :** अंतिम आवश्यकता है—किसी के भी द्वारा नियंत्रित न किए जाने और स्वतंत्र रूप से निर्णय लेने की आवश्यकता। यही कारण है कि हम ऐसी परिस्थितियों में प्रतिरोध करते हैं, जिनमें हमें अपने मन मुताबिक कुछ भी करने की आजादी नहीं होती है। इसलिए स्वायत्तता की इच्छा हमारे मन में जुड़ाव और दक्षता की इच्छा की तरह ही रची-बसी हुई है।

III. परिपूर्णता हेतु मनुष्य की छह मूलभूत आवश्यकताएँ

एक अग्रणी जीवन एवं व्यवसाय रणनीतिज्ञ टोनी रॉबिन्स ने काफी गहराई से चार दशक तक मानवीय व्यवहार व अभिप्रेरणा का विश्लेषण किया और यह निष्कर्ष निकाला कि मनुष्य की ऐसी छह जरूरतें होती हैं, जो मुख्य रूप से हमारे व्यवहार तथा हमारी पसंद को प्रभावित करती हैं। प्रत्येक व्यक्ति द्वारा इन आवश्यकताओं को अलग-अलग वरीयता दी जाती है, जिसके परिणामस्वरूप अलग-अलग निर्णय लिये जाते हैं, जिनके आधार पर हम कुछ आवश्यकताओं को शीर्ष वरीयता पर रखते हैं। हम निरंतर उन आवश्यकताओं की पूर्ति करते रहते हैं, फिर चाहे वह लाभदायक, तटस्थ या नुकसानदायक ढंग से हो।

एक अग्रणी जीवन एवं व्यवसाय रणनीतिज्ञ टोनी रॉबिन्स ने काफी गहराई से चार दशक तक मानवीय व्यवहार व अभिप्रेरणा का विश्लेषण किया और यह निष्कर्ष निकाला कि मनुष्य की ऐसी छह जरूरतें होती हैं, जो मुख्य रूप से हमारे व्यवहार तथा हमारी पसंद को प्रभावित करती हैं।

रॉबिन्स ने 'न्यूरल लिंग्विस्टिक प्रोग्रामिंग' (NLP), 'कॉग्निटिव थेरैपी' और कई अन्य सिद्धांतों के अपने निष्कर्षों को मास्लो के 'आवश्यकताओं के पदानुक्रम मॉडल' के साथ जोड़ दिया। फिर उन्होंने यह पता लगाने का एक गतिशील तरीका निकाला कि जिसे वह छह मूलभूत मनोवैज्ञानिक आवश्यकताएँ कहते हैं, उन्हें पूरा करने के लिए हम निरंतर मुख्य रूप से एक अचेतन स्तर पर कार्य करते रहते हैं।

हमारी दैनिक वरीयताओं व व्यवहार के पीछे के विभिन्न संवेगों

को समझना हमारे लिए महत्त्वपूर्ण है। इससे हमें यह समझ विकसित करने में मदद मिलेगी कि क्यों हम किसी विशेष प्रकार का व्यवहार करते हैं, जिसमें कुछ असहयोगी बातें भी शामिल हैं, जो हमें भौतिक, मानसिक, भावात्मक, सामाजिक व आध्यात्मिक रूप से प्रभावित करती हैं! फिर हम और अधिक सकारात्मक तरीकों से अपनी जरूरतें पूरी करने के वैकल्पिक तरीकों के बारे में सोच सकते हैं, जो हमारे जीवन में परिपूर्णता का एक भाव सृजित करने में महत्त्वपूर्ण भूमिका निभाते हैं।

टोनी रॉबिन्स कहते हैं कि निम्नलिखित छह मानवीय आवश्यकताएँ हमारी सबसे मजबूत अभिप्रेरणाओं को प्रेरित करते हुए यह तय करती हैं कि हम अपने जीवन में अपनी प्राथमिकताएँ और कार्य करने का तरीका कैसे निर्धारित करते हैं?

टोनी रॉबिन्स कहते हैं कि निम्नलिखित छह मानवीय आवश्यकताएँ हमारी सबसे मजबूत अभिप्रेरणाओं को प्रेरित करते हुए यह तय करती हैं कि हम अपने जीवन में अपनी प्राथमिकताएँ और कार्य करने का तरीका कैसे निर्धारित करते हैं? ये आवश्यकताएँ क्रमशः ऊपर की ओर—मुख्य रूप से वैयक्तिकता और भौतिक चरणों से जुड़ाव, लेन-देन और जगत् में प्रभाव की ओर बढ़ती हैं। प्रत्येक व्यक्ति जीवन में अलग-अलग समय पर अलग-अलग दौर से होकर गुजरता है, जिससे हमारे केंद्रबिंदु एवं हमारी आवश्यकताएँ तय होती हैं, जहाँ प्रत्येक आवश्यकता विभिन्न रूपों में एक परिपूर्ण जीवन सृजित करने में महत्त्वपूर्ण भूमिका निभाती है।

पहली चार आवश्यकताओं को 'व्यक्तित्व संबंधी आवश्यकताओं' के रूप में वर्गीकृत किया जा सकता है; क्योंकि वे इस भौतिक जगत् की दृष्टि से आत्म-परिपूर्णता व उपलब्धि की हमारी व्यक्तिगत खोज पर

केंद्रित होती हैं। अंतिम दो आवश्यकताओं को 'आत्मिक आवश्यकताओं' के तौर पर संदर्भित किया जाता है; क्योंकि वे ही मुख्य रूप से वास्तविक प्रसन्नता और जीवन में अनुभूति के भाव को गहराई से ढूँढ़कर सामने लाती हैं—भौतिक व अभौतिक दोनों ही परिप्रेक्ष्य में।

आइए, अब इनमें से प्रत्येक आवश्यकता पर नजर डालते हैं—

• निश्चितता

इसे अन्य बातों के साथ-साथ सुरक्षा, आराम व निरंतरता की आवश्यकता के रूप में परिभाषित किया जा सकता है। मूल स्तर पर हम सभी में दुनिया में कुछ ठोस होने का एक मूल भाव होता है।

शुरुआत करनेवालों के लिए, इस आवश्यकता को पूरा करने से हमारी पारिवारिक विरासत को बनाए रखने का आश्वासन मिलता है। इस आवश्यकता में यह भी शामिल है कि हम अपने चुने हुए पेशे में काम करें और रोटी, कपड़ा व मकान को पाने के साथ-साथ अपने रिश्ते-नातों को बनाए रखने तथा अपनी इच्छाओं की पूर्ति के लिए भी अपनी दैनिक जिम्मेदारियाँ उठाएँ।

शुरुआत करनेवालों के लिए, इस आवश्यकता को पूरा करने से हमारी पारिवारिक विरासत को बनाए रखने का आश्वासन मिलता है। इस आवश्यकता में यह भी शामिल है कि हम अपने चुने हुए पेशे में काम करें और रोटी, कपड़ा व मकान को पाने के साथ-साथ अपने रिश्ते-नातों को बनाए रखने तथा अपनी इच्छाओं की पूर्ति के लिए भी अपनी दैनिक जिम्मेदारियाँ उठाएँ।

हालाँकि, व्यापक स्तर पर तो दुनिया और हमारे आसपास के लोगों का जीवन लगातार विकसित हो रहा है, फिर भी, निश्चितता की हमारी

जरूरत कभी-कभी हमें अपने चारों ओर एक दीवार खड़ी करने और यथास्थिति में होनेवाले किसी भी बदलाव का विरोध करने पर मजबूर कर देती हो, भले ही वह बदलाव हमारे लिए हितकर हो।

• **वैविध्य**

अपूर्वानुमेयता एवं विविधता की चाह हमारे जीवन में निश्चितता तथा ठहराव को तोड़ती है और हमारे विकास व प्रगति का मार्ग प्रशस्त करती है। इस तरह से, हम अपने अतीत के अनुभवों की बेड़ियों को तोड़कर नई संभावनाओं को देख पाते हैं और एक नए क्षितिज की ओर बढ़ चलते हैं।

यह संदर्भित करती है अस्पष्टता, विविधता, बदलाव और चुनौती की आवश्यकताओं को। हालाँकि, हम सभी अपने जीवन में सुरक्षा का एक भाव महसूस करना चाहते हैं, फिर भी, हमें कभी-कभी इस उद्देश्य से उस ज्ञात व पूर्वानुमेय मार्ग से अपना मार्ग बदल लेना चाहिए, ताकि हम व्यक्तिगत रूप से खुद को विकसित होने दे सकें और अपना सही मार्ग स्वयं ढूँढ़ें।

अपूर्वानुमेयता एवं विविधता की चाह हमारे जीवन में निश्चितता तथा ठहराव को तोड़ती है और हमारे विकास व प्रगति का मार्ग प्रशस्त करती है। इस तरह से, हम अपने अतीत के अनुभवों की बेड़ियों को तोड़कर नई संभावनाओं को देख पाते हैं और एक नए क्षितिज की ओर बढ़ चलते हैं।

विविधता को अनुभव करने की आवश्यकता कभी-कभी खतरनाक स्तर तक पहुँच जाती है, खासतौर से तब, जब हमारा सबसे महत्त्वपूर्ण संवेग निरंतर बदलाव हो, जैसे कि हमारी नौकरी या संबंधों में। जब

स्पष्ट रूप से हम विविधता को पाने की इच्छा रखते हैं, तब इस क्रम में मात्र हमारे बाहरी परिवेश को बदलते रहकर इसकी आवश्यकता को पूरा करना जीवन-अनुभव के लिए हानिकर हो सकता है और हमें अपने वर्तमान समय को खुलकर जीने से रोक सकता है।

इसका सकारात्मक पहलू देखें तो विविधता हमें एक वस्तुनिष्ठ दृष्टिकोण प्रदान करती है, जो भीतर व बाहर दोनों से ही हमारे विकास को सुलभ बनाता है और आवश्यकता पड़ने पर बदलाव लाता है, जिसकी शुरुआत हमसे होती है। जैसे ही हमारे भीतर वास्तव में कोई बदलाव होता है, हमारे बाहर का माहौल उसी अनुरूप बदल जाता है और जिसे करने के लिए हमें अपनी ओर से कोई जोर-आजमाइश भी नहीं करनी पड़ती है। अत:, इसके लिए यह जरूरी नहीं कि हम किसी दूसरे स्थान पर जाएँ या अपनी नौकरी बदलें।

इसका सकारात्मक पहलू देखें तो विविधता हमें एक वस्तुनिष्ठ दृष्टिकोण प्रदान करती है, जो भीतर व बाहर दोनों से ही हमारे विकास को सुलभ बनाता है और आवश्यकता पड़ने पर बदलाव लाता है, जिसकी शुरुआत हमसे होती है।

उपर्युक्त दोनों आवश्यकताएँ—निश्चितता और विविधता—एक-दूसरे से भिन्न दिशा में जाती हुई मालूम होती हैं; लेकिन ऊपरी तौर से विरोधी प्रतीत होते हुए भी ये दोनों ही बल साथ मिलकर एक पूर्ण योग बनाते हैं। इनमें से किसी भी एक आवश्यकता का संतुलन बिगड़ने पर अकसर दूसरी ही विपरीत दिशा में कार्य करते हुए हमें संतुलन का भाव देती है।

उदाहरण के तौर पर, मान लीजिए कि निश्चितता की आवश्यकता इस हद तक पूरी हो चुकी हो कि उसने नीरसता व ऊब पैदा कर दी

हो। अपने आराम के दायरे से बाहर निकलकर और कुछ नया करने का प्रयास करके हम अपने जीवन को संतुलित कर सकते हैं।

- **महत्त्व**

जैसे-जैसे हम मानवीय आवश्यकताओं के पायदानों पर आगे बढ़ते जाते हैं, वैसे-वैसे ही तीसरी मानवीय आवश्यकता को पहचानने की जरूरत महसूस होती है, जो इससे जुड़ी है कि एक व्यक्ति के तौर पर हम क्या हैं और हम क्या करते हैं? इस आवश्यकता का संबंध गहराई, मान्यता, व्यक्ति की पूछ और उसे आदर दिए जाने से है। यह पहचान करना जरूरी है कि हमारा अस्तित्व टुकड़ों में नहीं, बल्कि एक बड़े समग्र रूप में है। उस कुल योग का एक प्रभावी हिस्सा होने के लिए हमें यह जानना होगा कि हम अपनी भूमिका निभा रहे हैं और किस क्षमता में निभा रहे हैं। साथ ही, हम जो योगदान दे रहे हैं, उसके लिए हमें पहचान भी मिलनी चाहिए।

महत्त्व की आवश्यकता की पूर्ति करना दुनिया में हमारे एक अलग अस्तित्व के होने का भाव उत्पन्न करने का महत्त्वपूर्ण भाग है। इसका यही उपाय है कि खुद को बाह्य जगत् से पहचान और मान्यता मिलने पर पूरी तरह आश्रित न होने दिया जाए, ताकि हम अपने भीतर शांति महसूस कर सकें।

महत्त्व की आवश्यकता की पूर्ति करना दुनिया में हमारे एक अलग अस्तित्व के होने का भाव उत्पन्न करने का महत्त्वपूर्ण भाग है। इसका यही उपाय है कि खुद को बाह्य जगत् से पहचान और मान्यता मिलने पर पूरी तरह आश्रित न होने दिया जाए, ताकि हम अपने भीतर शांति महसूस कर सकें। यदि हम इसे खुद पर हावी होने देंगे तो हो सकता है कि यह

इस हद तक हमारे जीवन को अपने काबू में कर ले कि हम अपने खुद के भीतरी दायरे को देखने और अपनी आवाज को सुनने की क्षमता खो बैठें, जिससे हमारे जीवन के विभिन्न पहलुओं में हमारे संबंधों की प्रगाढ़ता सीमित हो जाए। फिर तो हमारे मन की दशा का रिमोट कंट्रोल दूसरे लोगों के हाथों में ही पहुँच जाएगा।

यदि वे हमारे बारे में अच्छा महसूस करेंगे तो हमें भी अच्छा महसूस होगा, यदि वे हमारे बारे में बुरा महसूस करेंगे तो हमें बुरा महसूस होगा। दूसरों के विचारों एवं उनकी राय को महत्त्व देना चाहिए, लेकिन इसके साथ ही उन्हें यह छूट नहीं दी जानी चाहिए कि वे आप पर हावी होकर आपकी सोचने-समझने की क्षमता को अपने नियंत्रण में ले लें। जब हम दूसरों के विचारों पर अत्यधिक मुग्ध हो जाते हैं और दूसरों के प्रभाव में आकर एक गुलाम की तरह हो जाते हैं, तब अपने अस्तित्व और अपनी विशिष्टता को खो देने का खतरा हमारे ऊपर मँडराने लगता है।

यदि वे हमारे बारे में अच्छा महसूस करेंगे तो हमें भी अच्छा महसूस होगा, यदि वे हमारे बारे में बुरा महसूस करेंगे तो हमें बुरा महसूस होगा। दूसरों के विचारों एवं उनकी राय को महत्त्व देना चाहिए, लेकिन इसके साथ ही उन्हें यह छूट नहीं दी जानी चाहिए कि वे आप पर हावी होकर आपकी सोचने-समझने की क्षमता को अपने नियंत्रण में ले लें।

इसी के साथ हमारे व्यावसायिक योगदान हेतु मौद्रिक व अमौद्रिक—दोनों ही स्तरों पर पहचान व मान्यता मिलना भी जरूरी है, ताकि हम अभिप्रेरित रहें। हालाँकि, किसी प्रतिफल की आशा में हमें इतना नहीं बँध जाना चाहिए कि हम समाज के कल्याण हेतु किया जानेवाला काम

भी मात्र इसलिए बंद कर दें कि उससे हमें अपना प्रत्याशित फल नहीं मिलेगा। ऐसे मामलों में दूसरों का भला करने की संतुष्टि अपने आप में ही एक प्रतिफल के समान होती है।

• प्रेम और जुड़ाव

यह आवश्यकता है दूसरों के संग संबंध जोड़ने, एक जुड़ाव रखने और आत्मीयता की। प्रेम करने और प्रेम पाने—दोनों की ही जरूरत होने के साथ-साथ अपनेपन का भाव मिलना भी मनुष्य की जरूरत है। हम अन्य मनुष्यों से सच्चे प्रेम और अर्थपूर्ण जुड़ाव के लिए तरसते हैं। आत्मीयता और प्रेम का आदान-प्रदान ही तो है, जो जीवन को अर्थपूर्ण बनाता है।

यह आवश्यकता है दूसरों के संग संबंध जोड़ने, एक जुड़ाव रखने और आत्मीयता की। प्रेम करने और प्रेम पाने—दोनों की ही जरूरत होने के साथ-साथ अपनेपन का भाव मिलना भी मनुष्य की जरूरत है। हम अन्य मनुष्यों से सच्चे प्रेम और अर्थपूर्ण जुड़ाव के लिए तरसते हैं।

दूसरों के प्रति भावनात्मक होने तथा उनके प्रति अपने प्रेम व भावों को व्यक्त करने के कई तरीके होते हैं। खुद के साथ एक गहरा संबंध जोड़कर, पूरे हृदय से लोगों के साथ वास्तविक संबंध बनाने हेतु समय निकालकर और प्रयास करके ऐसा किया जा सकता है। यह नैसर्गिक रूप से हमें भीतर से वास्तव में सही स्थिति में लाता है और दूसरों के प्रति सच्चे प्रेम एवं गर्मजोशी से भरे भावों को फैलाता है।

उपर्युक्त चार आवश्यकताओं को आमतौर पर व्यक्तित्व संबंधी आवश्यकताओं के तौर पर संदर्भित किया जाता है, क्योंकि वे सांसारिक

दृष्टि से आत्म-परिपूर्णता व उपलब्धि की हमारी व्यक्तिगत खोज पर केंद्रित होती हैं। अब हम शेष दो आवश्यकताओं पर गौर करेंगे, जो 'आत्मिक आवश्यकताएँ' हैं, क्योंकि वे भौतिक व अभौतिक—दोनों ही रूपों में वास्तविक प्रसन्नता और परिपूर्णता के गहरे भाव की ओर जाने का मार्ग प्रशस्त करती हैं।

यह भौतिक, भावात्मक, मानसिक व आध्यात्मिक समेत सभी स्तरों पर हमारे विकास की आवश्यकता से जुड़ा है। जीवित रहने तथा फलने-फूलने के लिए हमारा निरंतर विकास होते रहना चाहिए। जिन जीवित प्राणियों, संबंधों व रचनात्मक प्रयासों का विकास रुक जाता है, वे अंततः नष्ट होकर समाप्त हो जाते हैं।

- **विकास**

यह भौतिक, भावात्मक, मानसिक व आध्यात्मिक समेत सभी स्तरों पर हमारे विकास की आवश्यकता से जुड़ा है। जीवित रहने तथा फलने-फूलने के लिए हमारा निरंतर विकास होते रहना चाहिए। जिन जीवित प्राणियों, संबंधों व रचनात्मक प्रयासों का विकास रुक जाता है, वे अंततः नष्ट होकर समाप्त हो जाते हैं। विकसित होने की आवश्यकता उपर्युक्त चार मानवीय आवश्यकताओं पर न केवल निर्भर करती है, बल्कि उन्हें पोषित भी करती है और हमारे सत्त्व के हर स्तर पर हमारे पूरे अस्तित्व को स्फूर्ति प्रदान करती है।

हालाँकि, हमें इस बात का ध्यान रखना चाहिए कि विकसित होने की हमारी आवश्यकता अवास्तविक स्तरों तक न पहुँच जाए। कभी-कभी विकसित होना इतना संतुष्टिदायक हो सकता है कि हमारी इस जरूरत को पूरा करने की हमारी आवश्यकता हमें अपने वर्तमान क्षण

में पूरी तरह से रम जाने से रोक ले या दुनिया में हमारे आगे बढ़ने और अपने ज्ञान का इस्तेमाल करने से रोक ले; क्योंकि हमें यह डर हो जाता है कि कहीं हमारा यह ज्ञान अधपका या अपर्याप्त तो नहीं है!

इस आवश्यकता की पूर्ति करना यह अभिस्वीकृत करना है कि विकास अपने आप में एक यात्रा है, न कि कोई गंतव्य, जहाँ हमें पहुँचना हो।

निरंतर विकास के लिए यह महत्त्वपूर्ण है कि हम विशुद्ध बने रहें, खुद को अपूर्ण मानकर सीखना जारी रखें और अपनी अनुभूतियों व खोज को दूसरों के संग साझा करने के उपयुक्त तरीके ज्ञात करें।

दूसरों की सेवा करने, उन्हें कुछ देने और उनके बारे में सोचने को तथा 'सर्वजन हिताय' का लक्ष्य रखने को। यहाँ हम अपने उद्देश्यों को पूरा करते हुए और दूसरों के जीवन को सही अर्थ प्रदान करते हुए अंतिम पायदान की ओर बढ़ते हैं।

- **योगदान**

यह संदर्भित करता है—दूसरों की सेवा करने, उन्हें कुछ देने और उनके बारे में सोचने को तथा 'सर्वजन हिताय' का लक्ष्य रखने को। यहाँ हम अपने उद्देश्यों को पूरा करते हुए और दूसरों के जीवन को सही अर्थ प्रदान करते हुए अंतिम पायदान की ओर बढ़ते हैं। एक बार उपर्युक्त पाँचों आवश्यकताओं की पूर्ति कर लेने के पश्चात् हम स्वतः ही योगदान की आवश्यकता की ओर बढ़ चलते हैं, जो कि वास्तव में हमें महत्त्व का भाव देता है।

संसार में कोई बदलाव लाकर अपने जीवन को एक अर्थ प्रदान करने तथा एक ऐसी विरासत छोड़कर जाने, जो इस नश्वर जगत् को छोड़कर जाने के बाद भी दूसरों का भला करती रहे, की इच्छा से ही योगदान करने

की आवश्यकता का जन्म होता है। यह आवश्यकता पूरी करने के कई तरीके हैं, जैसे कि किसी फाउंडेशन की शुरुआत करना या किसी ऐसे कार्य, जिसमें हम यकीन रखते हों, में सहयोग देने या मात्र किसी की मदद करने, किसी के चेहरे पर एक मुसकान लाने या एक वास्तविक आध्यात्मिक पथ की खोज में किसी की मदद करने हेतु स्वयंसेवा करना।

योगदान की आवश्यकता की मुख्य चुनौती यह है कि हम बहुत जल्द ही उन सभी कारणों, लोगों और जीवों के बोझ तले दब सकते हैं, जिन्हें इस दुनिया में मदद की जरूरत है। हो सकता है कि समाज के लिए कुछ करने के पथ पर आगे बढ़ते हुए हम अपने करीबियों के प्रति अपनी घरेलू जिम्मेदारियों को भी नजरअंदाज कर दें।

योगदान की आवश्यकता की मुख्य चुनौती यह है कि हम बहुत जल्द ही उन सभी कारणों, लोगों और जीवों के बोझ तले दब सकते हैं, जिन्हें इस दुनिया में मदद की जरूरत है। हो सकता है कि समाज के लिए कुछ करने के पथ पर आगे बढ़ते हुए हम अपने करीबियों के प्रति अपनी घरेलू जिम्मेदारियों को भी नजरअंदाज कर दें।

हमें यह भी देखने को मिल सकता है कि कई लोग, जो अन्य पाँच आवश्यकताओं के बदले योगदान की आवश्यकता को सर्वोपरि समझते हैं, कभी-कभार खुद को दाँव पर लगाकर ऐसा कर रहे हों और इस प्रयास में अपनी ही देखभाल ढंग से न करें। इस आवश्यकता को व्यक्त करने के सर्वश्रेष्ठ तरीकों में से एक यह समझना है कि यह आवश्यकता न केवल हमारे योगदान से, बल्कि हमारे अपने अस्तित्व के भाव से, वर्तमान पल में रमे होने के भाव से भी आती है। अतः जब हम सक्षम हो जाते हैं, तब वे गतिविधियाँ, जिनमें हम

सम्मिलित होते हैं, खुद-ब-खुद हमारे मूल अस्तित्व के अनुरूप हो जाती हैं और उनका प्रभाव बहुत अधिक होता है।

हमारी वर्तमान परिस्थिति पर निर्भर करते हुए, जैसे कि जीवन और व्यक्तिगत विकास के किस चरण में हम हैं, हम आश्चर्यजनक रूप से अलग-अलग कारणों से अलग-अलग आवश्यकताओं को महत्त्व देना शुरू कर देते हैं।

हमारी वर्तमान परिस्थिति पर निर्भर करते हुए, जैसे कि जीवन और व्यक्तिगत विकास के किस चरण में हम हैं, हम आश्चर्यजनक रूप से अलग-अलग कारणों से अलग-अलग आवश्यकताओं को महत्त्व देना शुरू कर देते हैं। संक्षेप में कहें तो छह मानवीय आवश्यकताओं के बीच अधिकतम संतुलन बनाए रखकर हम जीवन को सफल व परिपूर्ण बना सकते हैं।

अध्याय 4 : मुख्य बिंदु

मानवीय व्यवहार मुख्य रूप से किसी व्यक्ति की भौतिक व मनोवैज्ञानिक आवश्यकताओं से नियंत्रित होता है। मनुष्य की इच्छाएँ या आवश्यकताएँ उसे प्रसन्न होने के लिए जीवन के विभिन्न चरणों में अलग-अलग ढंग से कार्य और व्यवहार करने के लिए प्रेरित करती हैं।

I. मास्लो का आवश्यकताओं का पदानुक्रम

एक अमेरिकी मनोवैज्ञानिक अब्राहम मास्लो ने आवश्यकताओं का एक सिद्धांत विकसित किया, जहाँ उन्होंने यह समझाया कि कैसे मानवीय आवश्यकताओं का भी एक पदानुक्रम होता है, जिसकी शुरुआत भौतिक आवश्यकताओं से होती है और जो उच्चतर बौद्धिक आवश्यकताओं की ओर बढ़ता है। यहाँ उन छह मानवीय आवश्यकताओं का पदानुक्रम

दिया गया है, जो जीवन के भिन्न-भिन्न चरणों में प्रसन्नता का मुख्य अभिप्रेरक बन जाता है—

- **भौतिक आवश्यकताएँ :** मानव शरीर के अस्तित्व, रोटी, कपड़ा, मकान, यानी कि जीवन की मूलभूत आवश्यकताओं से संबंधित।
- **सुरक्षा संबंधी आवश्यकताएँ :** युद्ध व प्राकृतिक आपदा से सुरक्षा, आर्थिक सुरक्षा, स्वास्थ्य संबंधी सुरक्षा आदि।
- **प्रेम व अपनत्व :** परिवार, मित्र एवं किसी के साथ आत्मीय संबंध की आवश्यकता।
- **सम्मान :** दूसरों से आदर, महत्त्व, हैसियत व पहचान पाने की आवश्यकता।
- **आत्म-बोध :** जो कुछ भी व्यक्ति बन सकता है, वह बनने की चाह में सबकुछ करने की चाहत।
- **स्वातिगता :** खुद से भी ऊपर उठकर दुनिया में कुछ योगदान करने की इच्छा।

II. अंतर्निहित मनोवैज्ञानिक आवश्यकताएँ

'आत्म-निर्धारण' सिद्धांत के तहत प्रसन्नता के अंतिम स्तर में भीतरी अभिप्रेरणा आवश्यक होती है, जिसकी विशेषताएँ तीन ऐसी अंतर्निहित मनोवैज्ञानिक आवश्यकताएँ होती हैं, जो हमें लंबे समय तक प्रसन्न रखती हैं। ये निम्नलिखित हैं—

- **मानवीय जुड़ाव की आवश्यकता**
    - **दक्षता की आवश्यकता :** बतौर कॅरियर जो भी चुना जाए, उसमें कार्य-साधक होना।
    - **स्वायत्तता की आवश्यकता :** किसी के भी द्वारा नियंत्रित न किया जाना और स्वतंत्र रूप से निर्णय लेने में सक्षम होना।

III. परिपूर्णता हेतु छह बुनियादी आवश्यकताएँ

टोनी रॉबिन्स ने परिपूर्णता हासिल करने की मनुष्य की आवश्यकताओं को दो अलग-अलग श्रेणियों—(1) हमारे व्यक्तित्व की चार आवश्यकताएँ और (2) हमारी दो आत्मिक आवश्यकताएँ में वर्गीकृत किया है, जिसका वर्णन निम्नलिखित रूप से किया गया है—

- **निश्चितता :** सुरक्षा, आराम व निरंतरता की आवश्यकता।
- **अनिश्चितता :** जीवन में नएपन या विविधता की आवश्यकता।
- **महत्त्व :** जो भी आप करते हैं, उस हेतु पहचान मिलने या आभार पाने की आवश्यकता।
- **प्रेम और अपनत्व :** दूसरों को प्रेम करने और उनसे प्रेम पाने तथा अपनापन महसूस करने की आवश्यकता।
- **विकास :** भौतिक, भावात्मक, मानसिक व आध्यात्मिक सहित सभी स्तरों पर विकास।
- **योगदान :** दुनिया में बदलाव लाकर अपने जीवन को अर्थपूर्ण बनाने की चाहत।

□

5

न्यूरोसाइंस : प्रसन्नता के रोज के डोज (D.O.S.E.) में सेंध लगाना

**"प्रसन्नता एक विकल्प और एक कौशल है,
जिसे चुनने तथा सीखने के लिए आप
खुद को समर्पित कर सकते हैं।"**

—नवल रविकांत

वर्षों से प्रसन्नता के न्यूरोसाइंस पर ढेरों अध्ययन किए जाते रहे हैं। न्यूरो-विज्ञानी, मनोवैज्ञानिक और वैज्ञानिक खुशहाली एवं प्रसन्नता के साथ न्यूरोसाइंस के सह-संबंध का अध्ययन करते रहे हैं।

पिछले करीब तीस वर्षों में तो विशेष रूप से वैज्ञानिकों ने मुख्य रूप से मनोविज्ञान के समावेश से मानवीय प्रवृत्ति और उसके व्यवहारात्मक बदलावों का और भी नया व सटीक पक्ष जाना है, जिसका संबंध मानव मस्तिष्क और मनुष्य के व्यवहार के विश्लेषण तथा न्यूरोसाइंस से है, जो मस्तिष्क की कार्यिकी के परीक्षण से संबंध रखता है।

पिछले दो दशकों के भीतर विकसित नई प्रौद्योगिकियों ने मानव मस्तिष्क की अनजान तंत्रिकीय कड़ियों का रहस्य खोला है। इनमें शामिल है इमेजिंग प्रौद्योगिकी, जैसे कि फंक्शनल मैग्नेटिक रेजोनेंस इमेजिंग

(fMRI) और पॉजिट्रॉन एमिशन टोमोग्राफी (PET) तथा ब्रेनवेव एनालिसिस प्रौद्योगिकी, जैसे कि क्वांटिटेटिव इलेक्ट्रोएंसीफैलोग्राफी (QEEG) (जिसे 'ब्रेन मैपिंग' भी कहते हैं)।

इन कड़ियों के गूढ़ कंप्यूटर विश्लेषण ने शोधकर्ताओं को ऐसे अकादमिक कार्य को अधिक-से-अधिक करने में मदद की है, जो शारीरिक अंग या मस्तिष्क को मन या मानवीय चेतना से जोड़ता है, जिसके तहत अनुभूति, चिंतन, महसूस करना तथा अभिनय आते हैं।

विभिन्न PET और FMRI अध्ययनों के विश्लेषण ने यह दरशाया है कि मस्तिष्क में कुछ ऐसे क्षेत्र होते हैं, जो किसी भाव विशेष के साथ अधिक जुड़ते हैं। इस पुस्तक के उद्देश्य से हम प्रसन्नता व दुःख नामक निम्नलिखित दो प्रमुख भावों के बारे में विस्तार से जानेंगे।

- जब हम प्रसन्न होते हैं, तब मस्तिष्क के कुछ क्षेत्र अधिक सक्रिय हो जाते हैं, जिनमें शामिल हैं—दाईं ओर का सामने का कॉर्टेक्स, प्रिक्यूनियस, बायाँ एमिग्डेला और बायाँ इंसुला। जब हम खुश होते हैं, तब सचेतता के बीच-बीच में कुछ कड़ियाँ होती हैं, जिन्हें सामने के कॉर्टेक्स एवं इंसुला द्वारा दरशाया जाता है और साथ ही मस्तिष्क का भावना केंद्र या एमिग्डेला भी होता है।
- जब हम दुःखी होते हैं, तब मस्तिष्क के कुछ हिस्से अधिक सक्रिय होते हैं, जो दायाँ ऑसिपिटल लोब, बायाँ इंसुला, बायाँ थालामस, एमिग्डेला और हिप्पोकैंपस हैं। हिप्पोकैंपस काफी नजदीक से स्मृति से जुड़ा होता है और तर्कपूर्ण ढंग से यह निष्कर्ष निकाला जा सकता है कि कुछ स्मृतियों की सचेतता का संबंध दुःखी या तनावग्रस्त महसूस करने से है।

मस्तिष्क के भीतर प्रसन्नता कैसी दिखती है?

मुझे एक GIF फाइल मिली, जो मस्तिष्क के भीतर प्रसन्नता कैसी दिखती है, यह दरशाने का दावा करती है। वह इमेज नीचे दी गई है—

(इसमें मायोसिन प्रोटीन के अणुओं को दिखाया गया है, जो एंडोमॉर्फिन्स के एक गोले को एक सक्रिय फिलामेंट से खींचते हुए मस्तिष्क के पेरायटल कॉर्टेक्स के भीतरी भाग में ले जाते हैं, जो प्रसन्नता के भाव उत्पन्न करता है।)

चूँकि ई-बुक एप्लीकेशनों में GIFs को नहीं दरशाया जा सकता, इसलिए मैंने वह इमेज ऊपर डाली है। यदि इस क्रिया को दरशानेवाली GIF फाइल को आप देखना चाहते हैं तो इस लिंक को देख सकते हैं, जो यह दरशाता है कि मस्तिष्क के भीतर प्रसन्नता कैसी दिखती है।

प्रसन्नता की D.O.S.E. में सेंध कैसे लगाएँ?

मानव मस्तिष्क एक जटिल रसायन-उत्पादक कारखाने की तरह है। दिन भर हम जो भी भाव महसूस करते हैं, चाहे वह क्रोध, दुःख, प्रेम, आनंद, कष्ट हो या कुछ अन्य—इन सभी भावों से हमारे मस्तिष्क में कई रसायन प्रवाहित होते हैं।

चलिए, अपने दिमाग में प्रसन्नता के रसायनों के बारे में बात करते हैं!

जब हम प्रसन्नता का अनुभव करते हैं, तब इसकी पृष्ठभूमि में चार न्यूरोकेमिकल्स आते हैं, जो हैं—

- डोपामाइन (Dopamine)
- ऑक्सिटोसिन (Oxytocin)
- सेरोटोनिन (Serotonin)
- एंडॉर्फिन (Endorphins)

इन्हें 'DOSE' के तौर पर याद रखा जा सकता है। ये 'प्रसन्नता के न्यूरोट्रांस्मिटर' होते हैं या आप इन्हें 'प्रसन्नता की खुराक' भी कह सकते हैं।

हमारे जीवन में घटनेवाली अलग-अलग घटनाएँ इन न्यूरोट्रांस्मिटरों को सक्रिय कर सकती हैं। लेकिन मात्र एक मूकदर्शक बने रहने और जीवन की विविध परिस्थितियों को अपनी भावनाएँ प्रभावित करने देने के बजाय आप नियंत्रण को अपने हाथ में लेकर ऐसे तरीकों का इस्तेमाल कर सकते हैं, जो इरादतन इन न्यूरोट्रांस्मिटरों को सक्रिय करके आपके जीवन में खुशी लाते हैं। इन चारों न्यूरोट्रांस्मिटरों में से प्रत्येक आपको प्रसन्न करने में एक अलग प्रकार की भूमिका निभाता है।

चलिए, इन रसायनों का परीक्षण करके जानते हैं कि ये क्या करते हैं और कैसे अपने जीवन में अधिक आनंद लाने के लिए आप इनका उपयोग कर सकते हैं!

डोपामाइन : प्रत्याशा जगाता है

डोपामाइन को आमतौर पर प्रसन्नता का ड्रग माना जाता है। लेकिन यह एक गलत धारणा है। वैज्ञानिकों ने शुरुआत में यह सोचा कि इस पदार्थ का संबंध वास्तविक हर्ष से था; वह हर्ष, जो हमने अनुभव किया है।

डोपामाइन को आमतौर पर प्रसन्नता का ड्रग माना जाता है। लेकिन यह एक गलत धारणा है। वैज्ञानिकों ने शुरुआत में यह सोचा कि इस पदार्थ का संबंध वास्तविक हर्ष से था; वह हर्ष, जो हमने अनुभव किया है। हालाँकि, यह बहस हाल ही में छिड़ी कि डोपामाइन का संबंध प्रत्याशित हर्ष व अभिप्रेरणा से अधिक है। अन्य शब्दों में कहा जाए तो डोपामाइन का संबंध प्रसन्नता की वास्तविक भावना सृजित करने के बजाय हर्ष की प्रत्याशा रखना अधिक है। यह प्रयास करने से जुड़ा भाव है।

आपके स्मार्टफोन पर आनेवाले नोटिफिकेशन के बीप, दरवाजे की घंटी का बजना और डाक से कोई मेल प्राप्त करना कुछ ऐसी घटनाएँ हैं, जिनमें आपके कुछ नए की आशा करते ही डोपामाइन का स्राव होने लगता है। डोपामाइन एक अणु है, जिसका उत्पादन हमारा शरीर नैसर्गिक रूप से करता है और हमारे सपनों एवं सबसे बड़े रहस्यों के पीछे का पदार्थ भी यही है। डोपामाइन अपने लक्ष्य के प्रति कर्म करने के लिए हमें प्रेरित करता है और एक बार जब हम उन लक्ष्यों को प्राप्त कर लें तो हमारे भीतर हर्ष का भाव भी उत्पन्न करता है। डोपामाइन का स्तर कम होने पर व्यक्ति टाल-मटोल भरा रवैया अपनाने लगता है, खुद पर

संदेह करता है और उसके भीतर उत्साह की कमी होने लगती है।

यह जरूरी है कि बड़े लक्ष्यों को छोटे-छोटे लक्ष्यों में तोड़ लिया जाए। बड़े लक्ष्यों के प्रति उत्साहित होने के अतिरिक्त यह भी जरूरी है कि हम उपलक्ष्यों पर भी उत्साहित हों, ताकि डोपामाइन का स्रवण अकसर हो सके। उदाहरण के तौर पर, किसी उपलक्ष्य की खुशी में आप कोई मूवी देखने जा सकते हैं।

डोपामाइन को अनुभव करते रहने का एक स्थिर पैटर्न सुनिश्चित करने के लिए यह भी महत्त्वपूर्ण है कि मौजूदा उद्देश्यों की पूर्ति से पहले नए लक्ष्य भी निर्धारित कर लिये जाएँ। किसी कर्मचारी की भावी अभिप्रेरणा व उत्पादकता को बढ़ाने के लिए यह जरूरी है कि एक लीडर अपनी टीम के सदस्यों की उपलब्धियों को पहचाने।

डोपामाइन को अनुभव करते रहने का एक स्थिर पैटर्न सुनिश्चित करने के लिए यह भी महत्त्वपूर्ण है कि मौजूदा उद्देश्यों की पूर्ति से पहले नए लक्ष्य भी निर्धारित कर लिये जाएँ। किसी कर्मचारी की भावी अभिप्रेरणा व उत्पादकता को बढ़ाने के लिए यह जरूरी है कि एक लीडर अपनी टीम के सदस्यों की उपलब्धियों को पहचाने। इसमें गैर-मौद्रिक पारितोषिक भी शामिल हैं, जैसे कि 'धन्यवाद इ-मेल' और साथ ही मौद्रिक प्रोत्साहन भी; जैसे कि कार्य-निष्पादन आधारित प्रोत्साहन राशियाँ।

कुछ गतिविधियों से भी यह माना जाता है कि वे आपके मस्तिष्क में डोपामाइन का स्तर बढ़ा देती हैं। वे हैं—

- संगीत सुनना
- नाचना
- कोई संदेश प्राप्त होना

- नियमित व्यायाम करना
- ध्यान लगाना।

ऑक्सिटोसिन : मानवीय जुड़ाव का अहसास सक्रिय करता है

ऑक्सिटोसिन के स्रवण से समीपता व विश्वास की भावनाएँ पैदा होती हैं, जो संबंधों के फलने-फूलने में मदद करती हैं। एक अध्ययन में यह देखने को मिला कि वे पुरुष, जो एक साथी वाले संबंधों में थे, ऑक्सिटोसिन की खुराक दिए जाने पर अन्य महिलाओं के साथ कम शारीरिक सामीप्य रखते हैं, बजाय उन पुरुषों के, जिन्हें ऑक्सिटोसिन न दिया गया हो।

ऑक्सिटोसिन के स्रवण से समीपता व विश्वास की भावनाएँ पैदा होती हैं, जो संबंधों के फलने-फूलने में मदद करती हैं। एक अध्ययन में यह देखने को मिला कि वे पुरुष, जो एक साथी वाले संबंधों में थे"

यह शिशु के जन्म और स्तनपान के दौरान माताओं में उत्पन्न होता है। ऑक्सिटोसिन के रुक जाने से जानवर भी अपनी संतान को त्याग देते हैं। ऑक्सिटोसिन से वफादारी बढ़ती है और यह स्वस्थ संबंधों में जोड़े रखने में भी महत्त्वपूर्ण भूमिका निभाता है। इसे 'कडल हॉर्मोन' (cuddle hormone) भी कहा जाता है और ऑक्सिटोसिन का प्रवाह बनाए रखने के सबसे आसान तरीकों में से एक है—किसी का आलिंगन। शारीरिक स्पर्श से न केवल ऑक्सिटोसिन में वृद्धि होती है, बल्कि यह कार्डियोवैस्कुलर तनाव को भी कम करता है और रोग-प्रतिरोधक तंत्र को बेहतर बनाता है।

इससे मुझे एक सुपरहिट हिंदी मूवी 'मुन्नाभाई एमबीबीएस' का एक किरदार याद आता है, जिसमें मुख्य किरदार एक मेडिकल कॉलेज

में दाखिला ले लेता है। उसे पता चलता है कि कुछ लंबी बीमारियों के रोगियों के साथ उपचार के लिए किसी 'सब्जेक्ट' की तरह ही व्यवहार किया जाता था, न कि किसी ऐसे इनसान की तरह, जिसकी कुछ भावनाएँ भी हो सकती हैं। इसलिए, वह मिलनेवाले हर मरीज को 'जादू की झप्पी' (यानी कि जादू भरा आलिंगन) देना शुरू कर देता है और मरीज जीवन को महसूस करते हुए तेजी से ठीक होने लगते हैं।

इसी प्रकार, जब हम किसी को कोई उपहार देते हैं, तब इससे उनके ऑक्सिटोसिन के स्तरों में भी वृद्धि होती है। आप अपने सहकर्मियों व मित्रों को उपहार देकर उनके साथ अपने संबंधों में प्रगाढ़ता ला सकते हैं। इसलिए लोगों से हाथ मिलाएँ, उन्हें गर्मजोशी से गले लगाएँ और इससे आप खुद में तथा दूसरे व्यक्ति में ऑक्सिटोसिन का बढ़ा हुआ स्तर महसूस करेंगे। एक अमेरिकी शिक्षाविद् पॉल जैक हर दिन आठ बार गले लगाने की सलाह देते हैं।

जब हम किसी को कोई उपहार देते हैं, तब इससे उनके ऑक्सिटोसिन के स्तरों में भी वृद्धि होती है। आप अपने सहकर्मियों व मित्रों को उपहार देकर उनके साथ अपने संबंधों में प्रगाढ़ता ला सकते हैं।

रोज ऑक्सिटोसिन पाना चाहते हैं?

तो अपने साथी, मित्र या जीवनसाथी को पहले से भी अधिक गले लगाना शुरू कर दें, बच्चों के साथ खेलें और ठहाके लगाएँ तथा मित्रों व सहकर्मियों से जितना अधिक हो सके, हाथ मिलाएँ।

सेरोटोनिन : महत्त्व का भाव लाता है

सेरोटोनिन हमारे मूड को नियंत्रित करता है। जब हम खुद को महत्त्वपूर्ण महसूस करते हैं, तब यह प्रवाहित होता है और इसका संबंध

सामाजिक पदानुक्रम में आदर पाने से है। याद करें कि बचपन में छोटी-से-छोटी उपलब्धि भी अपनी माँ को दिखाने के लिए हम उनके पास दौड़कर जाते थे, भले ही वह कोई ड्रॉइंग, चित्रकारी या किसी पजल को हल करना ही क्यों न हो; लेकिन जैसे-जैसे हम बड़े होते जाते हैं, अपनी हर छोटी-से-छोटी उपलब्धि को भी अपने सहकर्मियों या वरिष्ठों को दिखाना व्यवहार्य नहीं रह जाता।

दुनिया को अपना महत्त्व दिखाने के लिए हमारे पास बहुत कम रास्ते हैं, इसलिए अधिकतर लोगों में महत्त्वपूर्ण होने के भाव की कमी पाई जाती है।

सेरोटोनिन तब उत्पन्न होता है, जब हम अर्थपूर्ण या महत्त्वपूर्ण महसूस करते हैं। दूसरी ओर, सेरोटोनिन की कमी अकेलेपन और अवसाद का भाव उत्पन्न करती है। यह भी एक कारण है कि क्यों लोग नुकसानदेह एवं ध्यानाकर्षित करनेवाली गतिविधियाँ करते हैं? इनमें शामिल हैं—सामूहिक व आपराधिक गतिविधि, जो ये व्यक्ति सेरोटोनिन के प्रवाहित होने पर करते हैं। असल में, ये गतिविधियाँ मदद की पुकार होती हैं।

सेरोटोनिन तब उत्पन्न होता है, जब हम अर्थपूर्ण या महत्त्वपूर्ण महसूस करते हैं। दूसरी ओर, सेरोटोनिन की कमी अकेलेपन और अवसाद का भाव उत्पन्न करती है। यह भी एक कारण है कि क्यों लोग नुकसानदेह एवं ध्यानाकर्षित करनेवाली गतिविधियाँ करते हैं?

प्रिंस्टन न्यूरोसाइंस इंस्टीट्यूट में मनोविज्ञान के प्रोफेसर बैरी जैकब्स सेरोटोनिन के बनने पर केंद्रित अधिकतर एंटीडिप्रेसेंट्स की व्याख्या करते हैं। उन्होंने नींद की मस्तिष्क संबंधी प्रणालियों, मस्तिष्क के रसायन सेरोटोनिन और हैल्युसिनोजेन्स तथा अन्य साइकोएक्टिव ड्रग्स के मन पर

पड़नेवाले प्रभावों का कई दशकों तक परीक्षण किया है।

अतीत की उपलब्धियों को याद करने से दिमाग को स्मरणीय घटनाओं को फिर से जीने में मदद मिलती है। वास्तविक जीवन में और जब हमारा दिमाग पिछली उपलब्धियों का स्मरण करता है, दोनों ही मामलों में सेरोटोनिन बनता है। ऐसा इसलिए है, क्योंकि दिमाग वास्तविक अनुभवों और कल्पना के बीच अंतर नहीं कर सकता है। यहाँ आभार विशेष रूप से महत्त्वपूर्ण हो जाता है, खासतौर से तब, जब प्रयास किए जाते हैं; क्योंकि यह हमारे जीवन में पिछली सभी सकारात्मक घटनाओं को मन-ही-मन देख पाने में मदद करता है।

हमारे सेरोटोनिन के स्तरों को बढ़ाने का एक अन्य बहुत कारगर तरीका है—धूप के संपर्क में आना, क्योंकि हमारी त्वचा पराबैंगनी किरणों को सोख लेती है, जिससे सेरोटोनिन अधिक मात्रा में बनने लगता है और साथ ही विटामिन-डी भी।

हमारे सेरोटोनिन के स्तरों को बढ़ाने का एक अन्य बहुत कारगर तरीका है—धूप के संपर्क में आना, क्योंकि हमारी त्वचा पराबैंगनी किरणों को सोख लेती है, जिससे सेरोटोनिन अधिक मात्रा में बनने लगता है और साथ ही विटामिन-डी भी। यह याद रखना महत्त्वपूर्ण है कि धूप लेने की आदर्श अवधि एक दिन में करीब 20 मिनट की है, क्योंकि बहुत अधिक पराबैंगनी प्रकाश भी हमारे स्वास्थ्य के लिए हानिकारक हो सकता है।

एंडॉर्फिन : दर्द से उबरने में मदद करता है

'एंडॉर्फिन' शब्द दरअसल दो शब्दों—एंडो+मॉर्फिन को जोड़कर बना है। एंडो का अर्थ है—भीतरी, यानी कि हमारे मस्तिष्क में भीतरी

रूप से पैदा होनेवाले रसायन। मॉर्फिन एक रसायन है, जो दर्द से लड़ने में मदद करता है। इस प्रकार से एंडॉर्फिन हमारे दिमाग में भीतरी रूप से पैदा होनेवाला एक ऐसा रसायन है, जो हमें दर्द से लड़ने में मदद करता है। यह सबकुछ दर्द को दबाने से ही संबंधित है। एंडॉर्फिन के बनने से व्यक्ति ऊर्जावान् महसूस करता है, ठीक वैसे ही जैसे एड्रिनलीन बनने पर महसूस होता है।

एंडॉर्फिन आपात स्थितियों में हमारी मदद करते हैं। हमारा शरीर ऐसी परिस्थितियों में एंडॉर्फिन उत्पन्न करता है, जहाँ उसे ऐसा लगता है कि और भी बेहतर प्रदर्शन करने की जरूरत है। उदाहरण के तौर पर, जब जिम में कोई अतिरिक्त भार उठाता है, तब दिमाग में एंडॉर्फिन उत्पन्न होता है, जो मांसपेशियों को और भी बेहतर प्रदर्शन करने की अनुमति देता है। एंडॉर्फिन हमें शांत करने के लिए तब बनता है, जब हम दर्द या दबाव को महसूस करते हैं और यह असहजता को कम करने में भी मदद करता है। दौड़ते समय अनुभव होनेवाला 'रनर्स हाई' एंडॉर्फिन के बनने का एक परिणाम है। यह मॉर्फिन की तरह काम करता है, जो कि एक एनल्जेसिक एवं सेडेटिव है और दर्द के अहसास को कम करता है।

एंडॉर्फिन आपात स्थितियों में हमारी मदद करते हैं। हमारा शरीर ऐसी परिस्थितियों में एंडॉर्फिन उत्पन्न करता है, जहाँ उसे ऐसा लगता है कि और भी बेहतर प्रदर्शन करने की जरूरत है।

एंडॉर्फिन उत्पन्न कराने की सबसे सरल विधियाँ हैं व्यायाम करना और हँसना। इसमें किसी हास्य की उम्मीद भी शामिल है, जैसे कि कोई मजाकिया फिल्म देखना। डार्क चॉकलेट और कुछ सुगंधित तेल भी सेरोटोनिन के स्तरों में वृद्धि ला सकते हैं।

एक अध्ययन के अनुसार, शोधकर्ताओं ने यह निष्कर्ष निकाला है कि अनुभव किए जानेवाले भाव की केवल मात्रा पर ही निर्णय न लिया जाए, बल्कि अनुभव किए गए सकारात्मक भावों की अवधि को भी ध्यान में रखा जाए। मस्तिष्क विशेष के सर्किटों में गतिविधि की समयावधि, भले ही वह अपेक्षाकृत कम हो, कुछ मिनट या कुछ घंटे बाद के किसी व्यक्ति के सकारात्मक भावों की उपस्थिति का अनुमान लगा सकते हैं।

एक अध्ययन के अनुसार, शोधकर्ताओं ने यह निष्कर्ष निकाला है कि अनुभव किए जानेवाले भाव की केवल मात्रा पर ही निर्णय न लिया जाए, बल्कि अनुभव किए गए सकारात्मक भावों की अवधि को भी ध्यान में रखा जाए।

वेंट्रल स्ट्रायटम में विशेष रूप से शोधकर्ताओं द्वारा देखा गया न्यूरल पैटर्न अन्य अध्ययनों में भी खुशहाली के बढ़े हुए स्तरों का अनुमान लगाता है।

उन्होंने यह भी बताया कि दूसरों के प्रति करुणा व समानुभूति रखने से व्यक्ति को सकारात्मक भाव रखने और उनमें आनंद लेने की अपनी क्षमता बढ़ाने में भी मदद मिलती है।

यदि आप वास्तव में प्रसन्नता के न्यूरोसाइंस के सिद्धांतों को लागू करते हैं तो आप खुशी का D.O.S.E. देनेवाली गतिविधियाँ करके लगभग तुरंत ही प्रसन्नता पा सकते हैं। यह बिल्कुल ऐसा है कि आपके एक स्विच दबाते ही आपको तुरंत खुशी का अनुभव हो जाए। आपके भीतर केवल स्विच दबाने की इच्छा होनी चाहिए और फिर प्रसन्न होते आपको देर नहीं लगेगी।

अध्याय 5 : मुख्य बिंदु

हमारा दिमाग इस ग्रह के सबसे जटिल व गूढ़ रासायनिक कारखानों

में से एक है। हमारे सभी भावों के पीछे—चाहे वह खुशी हो, गम हो, प्रेम हो, लालच हो या फिर दु:ख—हमारे दिमाग के भीतर ढेरों रसायनों के बीच होनेवाली एक अंत:क्रिया होती है।

निरंतर प्रसन्नता को अनुभव करते रहने के लिए हमें तरीके ढूँढ़ने पड़ेंगे और यह सुनिश्चित करना पड़ेगा कि हम अपने दिमाग के चार प्रमुख रसायनों का भीतरी प्रवाह सक्रिय कर सकें। आमतौर पर, 'DOSE' संक्षिप्ताक्षर में दरशाए जानेवाले ये रसायन प्रवाहित होने पर हमें प्रसन्नता का अहसास देते हैं।

निरंतर प्रसन्नता को अनुभव करते रहने के लिए हमें तरीके ढूँढ़ने पड़ेंगे और यह सुनिश्चित करना पड़ेगा कि हम अपने दिमाग के चार प्रमुख रसायनों का भीतरी प्रवाह सक्रिय कर सकें।

- **Dopamine (डोपामाइन)** : प्रत्याशा से सक्रिय होता है और हमें अपने लक्ष्यों के प्रति कर्म करने के लिए प्रेरित करता है।
- **Oxytocin (ऑक्सिटोसिन)** : मानवीय जुड़ाव का एक भाव। अपने प्रियजनों को जितना अधिक आप गले लगाएँगे या उनसे हाथ मिलाएँगे, उतना अधिक इसका प्रवाह होगा।
- **Serotonin (सेरोटोनिन)** : यह आपको महत्त्वपूर्ण महसूस कराता है। पिछली उपलब्धियों को याद करके इसके प्रवाह को बढ़ाया जा सकता है।
- **Endorphin (एंडॉर्फिन)** : दर्द से लड़ने में मदद करता है; नियमित रूप से व्यायाम करने से इसका प्रवाह बना रहता है।

संक्षेप में, प्रसन्नता का रोज का डोज पाने के लिए निम्नलिखित गतिविधियाँ करनी चाहिए—

- व्यायाम (जैसे कि दौड़ना, टहलना)।
- हँसना/रोना।
- अपने मित्रों को गले लगाना/उनसे हाथ मिलाना।
- कुछ अच्छे की प्रत्याशा रखना। अपना एक वेकेशन बुक कर लेना, भले ही वह एक सप्ताहांत के लिए ही क्यों न हो। जब आप किसी चीज की प्रत्याशा कर रहे होते हैं, तब आप प्रसन्न होते हैं।
- लक्ष्य निर्धारित करना और उन्हें प्राप्त करना।
- सामाजिक संबंध स्थापित करना। दूसरों के अच्छे कामों के लिए उनकी सराहना करना। कुछ कामों की जवाबदेही स्वीकार करना और अभिस्वीकृत किए जाने पर आनंदित महसूस करना।

□

6

व्यक्तिगत तौर पर प्रसन्न होने के लिए आदतें

"जो हम सोचते हैं या जो हम जानते हैं या जो हम मानते हैं, वह अंततः बहुत कम मायने रखता है। जो हम करते हैं, वही एकमात्र चीज है, जो मायने रखती है।"

—जॉन रस्किन

पल-दर-पल हमारी मानसिक दशा इस पर निर्भर करती है कि अपने मन में हम चेतन या अवचेतन रूप से किस प्रकार के विचार या भाव लाते हैं। एक तरीका है—उन्हें स्वच्छंद छोड़ देने का और अवचेतन रूप से जिन भी भावों को वे जन्म दें, उन्हें होने देने का। दूसरा तरीका है—सचेत रहते हुए उन पर नजर रखना और उन्हें अपने नियंत्रण में रखते हुए अपनी इच्छानुसार उन्हें दिशा देने का।

यद्यपि अपने विचारों को पूरी तरह से रोक पाना संभव नहीं है, फिर भी हम भली-भाँति अपने विचारों की दिशा को बदल सकते हैं। चलिए, इसे कुछ तथ्यों व प्रयोगों से समझते हैं! हर रोज हमारे मन में करीब 60,000 विचार उपजते हैं, जैसा कि इंटरनेट पर विभिन्न लेखों में बताया गया है।

यह करीब 2,500 विचार प्रति घंटे और लगभग 40 विचार प्रति मिनट जितना है, जो कि एक काफी बड़ी संख्या है। है न?

क्या आप एक ही प्रकार का भोजन खाकर हफ्ते के सातों दिन और महीने के तीसों दिन नियमित रूप से रह सकते हैं?

स्पष्ट रूप से, आपका जवाब 'न' ही होगा। लेकिन क्यों?

क्योंकि आपको अनिश्चितता की जरूरत महसूस होगी (नएपन के रूप में)। इसके अलावा, भोजन मूर्त रूप भी होता है। आप उसे अपनी आँखों से देख सकते हैं और इसलिए अधिक निष्पक्षता के साथ निर्णय ले सकते हैं।

अपने शरीर को भोजन देते हुए विविध विकल्प रखने पर आप कितना ध्यान देते हैं! लेकिन आपके मन के मामले में ऐसा क्यों नहीं है? आखिर, क्यों आप अपने मन में निरंतर एक ही प्रकार के विचारों को आने देते हैं?

अपने शरीर को भोजन देते हुए विविध विकल्प रखने पर आप कितना ध्यान देते हैं! लेकिन आपके मन के मामले में ऐसा क्यों नहीं है? आखिर, क्यों आप अपने मन में निरंतर एक ही प्रकार के विचारों को आने देते हैं?

यहाँ इसके कुछ कारण दिए गए हैं।

पहला यह कि वे अमूर्त होते हैं। आप केवल उनकी कल्पना करके उन्हें महसूस कर सकते हैं और दूसरा यह कि वे बहुत जल्दी-जल्दी तथा निरंतर आते रहते हैं और अंत में, लेकिन सबसे महत्त्वपूर्ण यह कि आप अपने विचारों में कुछ ज्यादा ही डूब जाते हैं।

जब आप किसी चीज के नजदीक पहुँचते हैं तो आप उसे स्पष्ट रूप से देख नहीं पाते हैं। वैसे तो आप इसे अपने अनुभव से पहले से ही

जानते होंगे, लेकिन फिर भी, चलिए, एक बार फिर से इसका अनुभव करते हैं। कोई भी छोटी-सी चीज ले लीजिए; यह आपका स्मार्टफोन या टी.वी., आपका रिमोट या एक सेब अथवा ऐसा कुछ भी हो सकता है, जो आपकी आँखों को ढकने के लिए काफी हो। अब इसे अपनी आँखों के पास लाइए; इतना पास लाइए कि अब यह आपकी भौंहों को लगभग स्पर्श कर रही हो।

अब इसे खुद महसूस करने का प्रयास कीजिए। यद्यपि आप अपनी बुद्धि और अनुभव से यह जानते हैं कि यह चीज क्या है, फिर भी ईमानदारी से खुद से पूछिए? क्या आपकी आँखें इस चीज को पहचान सकती हैं, जब इसे आपकी आँखों के नजदीक लाया जाता है?

अब इसे खुद महसूस करने का प्रयास कीजिए। यद्यपि आप अपनी बुद्धि और अनुभव से यह जानते हैं कि यह चीज क्या है, फिर भी ईमानदारी से खुद से पूछिए? क्या आपकी आँखें इस चीज को पहचान सकती हैं, जब इसे आपकी आँखों के नजदीक लाया जाता है? क्यों न इस अनुभव में अधिक तटस्थता लाने के लिए (ताकि उस चीज से जुड़े आपके पूर्व अनुभव से आप प्रभावित न हों) पहले अपनी आँखें बंद कर लें और फिर किसी व्यक्ति को कोई चीज आपकी आँखों के इतने करीब लाने को कहा जाए और फिर आप अपनी आँखें खोलें। क्या आप बता सकते हैं कि वह चीज क्या है?

अगर आपने यह प्रयोग सही से किया तो आपने बस, एक अंदाजा ही लगाया होगा; लेकिन एक निश्चित जवाब नहीं दे सकते। ऐसा इसलिए है, क्योंकि ध्यान केंद्रित करने और उस चीज को देखकर उसकी एक छवि बनाने के लिए आपकी आँखों को एक दूरी की जरूरत होती है।

बिना कुछ दूरी बनाए आप वास्तव में न किसी चीज को देख सकते हैं, न ही उसके बारे में कोई विश्लेषण कर सकते हैं। आपके विचारों पर भी यही बात लागू होती है। जब आप अपने विचारों व भावनाओं को एक दूरी से देखना शुरू करते हैं, तभी आप उन्हें अलग-अलग देख व समझ पाते हैं।

अब चलिए, एक दूसरा आसान-सा प्रयोग करते हैं, जो आपको अपने विचारों/भावनाओं की अलग पहचान को देखने में मदद करेगा और इस तरह से यह आपको उन्हें अलग-अलग देख पाने में मदद करेगा।

एक दूसरा आसान-सा प्रयोग करते हैं, जो आपको अपने विचारों/ भावनाओं की अलग पहचान को देखने में मदद करेगा और इस तरह से यह आपको उन्हें अलग-अलग देख पाने में मदद करेगा।

एक कलम और कागज लीजिए या अपने फोन/लैपटॉप में टाइप करना शुरू कर दीजिए या जहाँ कहीं भी आप कुछ लिख सकते हों—और फिर उसे अपनी आँखों से देखिए।

चरण 1 : अपनी भौतिक चीजों की सूची बनाएँ; जैसे कि आपका घर, गाड़ी, कपड़े आदि। एक बेहतर अनुभव के लिए उनमें से कुछ की सूची बनाएँ।

चरण 2 : अब ऐसे कुछ लोगों की एक सूची बनाएँ, जिन्हें आप 'मेरा' कह सकते हों, जैसे कि 'मेरे पिता, माँ, शिक्षक, सबसे अच्छा दोस्त, जीवनसाथी, संतान आदि। एक बार फिर से एक बेहतर अनुभव के लिए उनमें से कई के नाम लिख दें।

चरण 3 : पहले दो चरणों में आपने बाहरी चीजों और बाहरी व्यक्तियों को शामिल किया। चलिए, थोड़ा-सा और पास चलते हैं। अब यह लिखिए कि अपने शरीर के बारे में आप कैसे बात करते हैं, जैसे कि 'मेरा हाथ, पैर, चेहरा' आदि।

यह प्रयोग आपको बड़ा अजीब लग सकता है, क्योंकि इन सभी चीजों को तो आप पहले से ही जानते हैं, लेकिन एक पल को मेरी बात बस, मान लें। कभी-कभी छोटी-छोटी चीजों पर ध्यान देने से भी बड़ी अनुभूतियाँ हो जाती हैं। इसलिए चलिए, इसे जारी रखते हैं।

चरण 1 से चरण 3 तक आप हर उस मूर्त चीज को देख सकते थे, जो आपको अपनी आँखों से दिखती थी। जहाँ चरण 1 और 2 आपके शरीर के भाग नहीं थे, चरण 3 इसके थोड़ा करीब था; क्योंकि आप अपने खुद के शरीर को अपनी मिल्कियत के रूप में देख रहे थे (और खुद के रूप में नहीं)।

चरण 4 : अब चरण 4 में आप अदृश्य चीजों को देखेंगे—आपके विचार और भावनाएँ। आप उन्हें देख नहीं सकते, लेकिन आप उनकी उपस्थिति को निरंतर अपने भीतर महसूस कर सकते हैं। सोचिए कि आप उनका उल्लेख कैसे करेंगे? एक बार फिर से आप 'मेरा' का इस्तेमाल करेंगे? आप कहेंगे—मेरे विचार, मेरी भावनाएँ, मेरे भाव आदि।

यह प्रयोग आपको बड़ा अजीब लग सकता है, क्योंकि इन सभी चीजों को तो आप पहले से ही जानते हैं, लेकिन एक पल को मेरी बात बस, मान लें। कभी-कभी छोटी-छोटी चीजों पर ध्यान देने से भी बड़ी अनुभूतियाँ हो जाती हैं। इसलिए चलिए, इसे जारी रखते हैं।

अब इन चारों चरणों के बीच के अंतर को समझने का प्रयास कीजिए। क्या हो रहा था इनमें?

चीजें आपके जितनी पास आती गईं, उतना अधिक आप उनको अपना हिस्सा मानते गए और जब वे आपके विचारों या भावों की तरह ही आपके बहुत नजदीक आ गईं, तब आपने उन्हें अपने जैसा ही मानना शुरू कर दिया।

ऐसी सन्निकटता होने पर ऐसे विचार और ऐसे भाव आपकी ही पहचान का आकार लेना शुरू कर देते हैं और यही मूल कारण बन जाता है जीवन को नियंत्रण में रखने के बजाय उसे किसी पीड़ित की तरह जीने का। जब आप खुद को किसी विचार या भाव विशेष के रूप में सोचते हैं, तब आप उससे अलग व्यवहार नहीं कर सकते। अगर आप खुद को किसी शरमीले या बेकार इनसान की तरह सोचने लगेंगे तो ऐसी पहचान के साथ किस प्रकार के कर्म जन्म लेंगे, आप इसे भलीभाँति जानते हैं।

जब आप अपने विचारों को किसी भिन्न रूप में देख पाएँगे, केवल तभी आप उनकी दशा व दिशा को नियंत्रण में रखना शुरू कर पाएँगे। यहाँ मैं अपने विचारों व भावों से खुद को अलग कर लेने पर इतना जोर क्यों दे रहा हूँ?

जब आप अपने विचारों को किसी भिन्न रूप में देख पाएँगे, केवल तभी आप उनकी दशा व दिशा को नियंत्रण में रखना शुरू कर पाएँगे। यहाँ मैं अपने विचारों व भावों से खुद को अलग कर लेने पर इतना जोर क्यों दे रहा हूँ? क्योंकि हम एक प्रसन्न मस्तिष्क के निर्माण की बात कर रहे हैं—और हर परिस्थिति में प्रसन्नता का अनुभव करने के लिए सचेतता का एक गहरा भाव होना जरूरी होता है।

आत्म-सचेतता का अर्थ है—खुद के बारे में मालूम होना। यह केवल अपने शरीर के अंगों या भीतरी अंगों के बारे में जानना भर नहीं है; यह अपने विचारों व भावों के बारे में अवगत रहने से अधिक संबंध रखता है। एक बार आपको किसी विचार या भाव की गुणवत्ता के बारे में पता चल जाए, केवल तभी आप अपनी सचेतता का इस्तेमाल करके अपने विचारों की दिशा को बदल सकते हैं।

आपके आत्म-सचेतता के स्तर के बढ़ने के साथ ही आपकी

प्रसन्नता का स्तर भी पर्याप्त रूप से बढ़ने लगेगा।

जिन आदतों पर हम चर्चा करेंगे, वे आपकी आत्म-सचेतता के स्तर को बढ़ाने का काम करेंगी, यानी कि वे किसी ऑटो-पायलट के आधार पर काम करेंगी, ताकि आपको हर बार बिना खुद पर जोर डाले ही लाभ मिलते जाएँ।

चलिए, अब कुछ ऐसी प्रमुख आदतों के बारे में बात करते हैं, जो आपकी निजी आदतों में वृद्धि करेंगी—

• दैनिक रूप से आभार व्यक्त करना

सबसे पहले, यदि आप खुशमिजाज रहना चाहते हैं तो आभार व्यक्त करना सबसे महत्त्वपूर्ण चीज है। इसके लिए आपको अपने दिन की सही शुरुआत करनी होती है। सुबह सोकर उठें तो जो कुछ भी आपको मिला है, उसके लिए ईश्वर का आभार व्यक्त करें।

जिन आदतों पर हम चर्चा करेंगे, वे आपकी आत्म-सचेतता के स्तर को बढ़ाने का काम करेंगी, यानी कि वे किसी ऑटो-पायलट के आधार पर काम करेंगी, ताकि आपको हर बार बिना खुद पर जोर डाले ही लाभ मिलते जाएँ।

कम-से-कम तीन ऐसी चीजें गिनें, जिनके लिए आप कृतज्ञ महसूस करते हों। सबसे पहली चीज, जिसके लिए आपको कृतज्ञ होना चाहिए, वह यह है कि इस सुबह आप सोकर उठे। खुद को बधाई दें और कृतज्ञ महसूस करें कि आप जीवित हैं। आप और मैं इस जीवन को हलके में लेते हैं; लेकिन क्या आपको मालूम है कि ऐसे ढेरों लोग हैं इस दुनिया में, जो आज सुबह जीवित नहीं उठे? क्या आपको मालूम है कि हर साल करीब 5.53 करोड़ लोग मर जाते हैं?

इसका मतलब है कि हर घंटे 6,316 लोग या हर सेकंड 2 लोग मर रहे हैं, जिसमें आप और हम शामिल नहीं हैं।

अब जरा अपने प्रियजनों, अपने परिवार और मित्रों की ओर देखें। वे भी जीवित हैं। आधी रात को अपने किसी भी प्रियजन से आपको कोई भी चौंकानेवाली कॉल नहीं आई, जिसका मतलब है कि आपके परिवारवाले और नजदीकी मित्र—सभी ठीक हैं। जहाँ हर दो सेकंड में एक व्यक्ति की मौत हो रही हो, वहाँ इस कीमती जीवन को कभी कम न आँकें। इसलिए, इस सबके लिए कृतज्ञ महसूस करना शुरू करें।

यदि आप इस पुस्तक को किसी इलेक्ट्रॉनिक डिवाइस पर पढ़ रहे हों या अपने कंप्यूटर व इंटरनेट कनेक्शन की मदद से इसे खरीद सकते हों तो आप इस ग्रह की अधिकतर आबादी से कहीं बेहतर स्थिति में हैं। यह एक ऐसी चीज है, जिसके लिए आपको खुशकिस्मत महसूस करना चाहिए।

यदि आप इस पुस्तक को किसी इलेक्ट्रॉनिक डिवाइस पर पढ़ रहे हों या अपने कंप्यूटर व इंटरनेट कनेक्शन की मदद से इसे खरीद सकते हों तो आप इस ग्रह की अधिकतर आबादी से कहीं बेहतर स्थिति में हैं। यह एक ऐसी चीज है, जिसके लिए आपको खुशकिस्मत महसूस करना चाहिए।

अपनी संपत्ति/आय-निर्धारण का परीक्षण याद है, जो आपने शायद पिछले किसी अध्याय में www.globalrichlist.com पर किया था? यदि आपने वह नहीं किया था तो कृपया उसे अब कर लें। मेरा विश्वास करें; आप जितना सोचते हैं, उससे कहीं अधिक कारण आपके पास हैं कृतज्ञ महसूस करने के लिए।

हालाँकि, यह भी जान लें कि किसी भी स्थिति में कृतज्ञ महसूस करने का यह मतलब नहीं है कि व्यक्ति लापरवाह और आलसी हो जाए। हमें हमेशा अपना सर्वश्रेष्ठ देना चाहिए और यह भी स्वीकार करना चाहिए कि भौतिक, शारीरिक, मानसिक व आध्यात्मिक—हर स्तर पर ही कृतज्ञ रहने के बावजूद यह जरूरी नहीं कि चीजें उसी अनुसार हों, जैसा कि हम उन्हें चाहते हैं।

एक प्रयोग में, सकारात्मक मनोविज्ञान आंदोलन के संस्थापक मार्टिन सेलिग्मैन ने अत्यधिक अवसादग्रस्त 47 व्यक्तियों का अध्ययन किया। इस अध्ययन में दो असामान्य घटक शामिल थे। पहला यह कि प्रतिभागियों ने अपने दुःख के स्रोत या प्रकृति के बजाय, जिस पर कई मानसिक स्वास्थ्य संबंधी हस्तक्षेप केंद्रित होते हैं, अपना ध्यान उन चीजों पर केंद्रित किया, जो प्रसन्नता बढ़ानेवाली मानी जाती थीं—विशेष रूप से 'थ्री ब्लेसिंग्स' नामक एक अभ्यास, जिसमें लोगों ने तीन ऐसी चीजों के बारे में लिखा, जो उस दिन अच्छी बीती थीं। दूसरा यह कि समुदायों के गठन की अनुमति दी गई, जिन्होंने लोगों को प्रसन्नता देनेवाले अभ्यासों पर ध्यान देने हेतु प्रोत्साहित किया।

एक प्रयोग में, सकारात्मक मनोविज्ञान आंदोलन के संस्थापक मार्टिन सेलिग्मैन ने अत्यधिक अवसादग्रस्त 47 व्यक्तियों का अध्ययन किया। इस अध्ययन में दो असामान्य घटक शामिल थे। पहला यह कि प्रतिभागियों ने अपने दुःख के स्रोत या प्रकृति के बजाय, जिस पर कई मानसिक स्वास्थ्य संबंधी हस्तक्षेप केंद्रित होते हैं...

करीब 94 प्रतिशत प्रतिभागियों में अवसाद कम होकर तीव्र से हलके-फुलके लक्षणों तक आ गया। इसका असर मेडिटेशन व

संज्ञानात्मक थेरैपी के मिले-जुले प्रभावों के समान ही था, शायद लीडरों, प्रबंधकों, थेरैपिस्टों, प्रशिक्षकों या कोच द्वारा व्यवहार में लाया जानेवाला कोई भी बदलाव मुख्य रूप से निश्चित आइडिया पर नजदीकी से, अकसर पर्याप्त रूप से और लंबे समय तक दूसरों का ध्यान केंद्रित कराने की उनकी क्षमता का ही एक प्रकार्य होता है।

निरंतर कृतज्ञ रहनेवाले लोग अपेक्षाकृत अधिक प्रसन्न, अधिक ऊर्जावान्, अधिक आशावान् पाए गए हैं और वे अकसर सकारात्मक भावों का अनुभव किया करते हैं। वे अधिक मददगार होते हैं, अधिक समानुभूत महसूस करते हैं, अधिक आध्यात्मिक व धार्मिक होते हैं, अधिक दयालु होते हैं और कम कृतज्ञ लोगों की तुलना में कम भौतिकवादी होते हैं।

कैलिफोर्निया विश्वविद्यालय में मनोविज्ञान की प्रोफेसर और प्रसन्नता पर शोध करनेवाली सोन्या ल्यूबोमिर्स्की कहती हैं—

"निरंतर कृतज्ञ रहनेवाले लोग अपेक्षाकृत अधिक प्रसन्न, अधिक ऊर्जावान्, अधिक आशावान् पाए गए हैं और वे अकसर सकारात्मक भावों का अनुभव किया करते हैं। वे अधिक मददगार होते हैं, अधिक समानुभूत महसूस करते हैं, अधिक आध्यात्मिक व धार्मिक होते हैं, अधिक दयालु होते हैं और कम कृतज्ञ लोगों की तुलना में कम भौतिकवादी होते हैं। इसके अलावा, जो व्यक्ति जितना अधिक कृतज्ञ होगा, उतनी ही इस बात की कम संभावना होगी कि वह अवसादग्रस्त, बेचैन, अकेला, ईर्ष्यालु या विक्षिप्त महसूस करे।"

वह एक शोध अध्ययन के बारे में बताती हैं, जो यह दरशाता है कि जिन लोगों ने दस सप्ताह तक पाँच ऐसी बातों पर ध्यान दिया, जिसके

प्रति वे आभारी महसूस करते थे और उसके बारे में उन्होंने कृतज्ञता का एक साप्ताहिक ब्योरा बनाकर रखा, वे उन लोगों से कहीं अधिक खुश थे, जिन्होंने ऐसा नहीं किया।

आप जैसे ही कृतज्ञ महसूस करना शुरू करते हैं, आपको प्रसन्नता प्राप्त हो जाती है। जिस समय आप आभार व्यक्त कर रहे होते हैं, उस समय आप दुःखी नहीं रह सकते हैं; चाहें तो इसे खुद पर आजमाकर ही क्यों न देख लें! मनोवैज्ञानिक अध्ययन में यह पाया गया है कि निरंतर कृतज्ञ महसूस करनेवाले लोगों को कई लाभ प्राप्त होते हैं—

भौतिक

- अधिक मजबूत रोग-प्रतिरोधक प्रणाली
- मोच व दर्द की कम परेशानी
- निम्न रक्तचाप
- अधिक व्यायाम करते हैं और अपनी सेहत की बेहतर देखभाल करते हैं
- लंबी नींद लेकर उठने पर अधिक तरोताजा महसूस करते हैं।

मनोवैज्ञानिक

- सकारात्मक भावों का उच्चतर स्तर
- अधिक सचेत, सजीव व जाग्रत्
- अधिक खुश व आनंदित
- अधिक आशावादिता व प्रसन्नता।

सामाजिक

- अधिक मददगार, दयावान् व करुणामय
- अधिक क्षमाशील
- अधिक निर्मोही
- अकेला और अलग-थलग कम महसूस करनेवाला।

कृतज्ञता को दैनिक जीवन का अंग कैसे बनाएँ?

सुबह जैसे ही आप सोकर उठें तो अपने जीवन की तीन अच्छी चीजों के बारे में सोचें। उन चीजों का बड़ा होना जरूरी नहीं है; वे छोटी-छोटी चीजें भी हो सकती हैं, जैसे कि अच्छी नींद, आपके बिस्तर का आरामदायक अहसास, आपकी खिड़की के बाहर चलती ठंडी हवा या अपने साथी या बच्चों को आराम से सोते हुए देखना।

आसान है। इसमें दो मिनट से अधिक समय नहीं लगता है। सुबह जैसे ही आप सोकर उठें तो अपने जीवन की तीन अच्छी चीजों के बारे में सोचें। उन चीजों का बड़ा होना जरूरी नहीं है; वे छोटी-छोटी चीजें भी हो सकती हैं, जैसे कि अच्छी नींद, आपके बिस्तर का आरामदायक अहसास, आपकी खिड़की के बाहर चलती ठंडी हवा या अपने साथी या बच्चों को आराम से सोते हुए देखना। यह कुछ आसान-सी चीजें हैं, जो आपको कृतज्ञ महसूस कराने या अच्छा महसूस कराने का कारण हो सकती हैं।

कुछ लोग कृतज्ञता व्यक्त करने के लिए एक डायरी लिखते हैं, जहाँ वे हर रोज कुछ ऐसी चीजों का उल्लेख करते हैं, जिनके प्रति वे कृतज्ञ महसूस करते हैं। आप इसे कहीं भी, किसी भी आसान-सी नोटबुक में

लिख सकते हैं। चाहे आप इस बारे में सोचते हों या इसे लिखते हों, आपको इसे निरंतर करना चाहिए।

- तीन से पाँच ऐसी चीजें लिखें, जिनके प्रति आप हर सुबह कृतज्ञ महसूस करते हैं।
- दिन में उन चीजों पर ध्यान दें, जो आपके जीवन में अच्छी चल रही हों और उनके प्रति आभार व्यक्त करें। इससे यह आदत बनी रहती है।
- सोने से पहले भी ऐसा ही करें।

जब आप किसी बुरे दौर से गुजर रहे होंगे, जैसा कि हर किसी के साथ होता है, तब यही आदत आपके लिए हर मायने में वरदान साबित होगी।

"यदि आपके पास पहले से जो कुछ भी है, उसके लिए आप कृतज्ञ महसूस नहीं करते हैं तो क्या आपको लगता है कि और अधिक मिल जाने पर भी आप प्रसन्न रहेंगे?"

—रॉय टी. बेनेट

इसका अभ्यास करने पर आप महसूस करेंगे कि आपके जीवन में प्रचुरता और आनंद आपकी ओर खिंचे चले आ रहे हैं। ऐसा करने का यही तरीका है कि पूरी निष्ठा व भावना के साथ दिल से आभार व्यक्त करें।

• गहरी साँस लें

कभी-कभी तनाव का मुख्य कारण यह भी होता है कि हम वह बुनियादी कार्य नहीं करते, जो जीवित रहने के लिए सबसे जरूरी है, यानी कि ठीक से साँस लेना।

बल्कि प्रत्येक विचार और प्रत्येक भाव के अनुरूप श्वसन में एक प्रतिक्रिया होती है। उदाहरण के तौर पर, जब आप क्रोधित होते हैं, तब तेजी से साँस लेते हैं; जब आप दु:खी होते हैं, तब आपका साँस छोड़ना आपके साँस लेने से लंबा होता है और जब आप प्रसन्न होते हैं, तब आप सामान्य रूप से चैन की साँस लेते हैं। अगली बार जब भी आप इनमें से किसी मूड में हों तो बस, अपनी साँस लेने की गति का आकलन कर लें, आप खुद ही सब समझ जाएँगे।

इस सबसे हमें क्या पता चलता है ? इससे हमें यह ज्ञात होता है कि मात्र अपने साँस लेने के तरीके को बदलकर हम इस चीज में बदलाव ला सकते हैं कि हम कैसा महसूस कर रहे हैं! अध्ययन दरशाते हैं कि श्वसन संबंधी अभ्यास करने से अधीरता, अनिद्रा, तनाव संबंधी विकार और अवसाद जैसी चीजें कम हो सकती हैं। आधुनिक विज्ञान ने हाल ही में साँस पर नियंत्रण रखने का महत्त्व समझना शुरू किया है, जिसे 'प्राणायाम' कहते हैं, जो ऊर्जा को केंद्रित कर उसके स्तरों को बढ़ाने के लिए किया जाता है। हजारों वर्षों से योगियों द्वारा इसका अभ्यास किया गया है।

इस सबसे हमें क्या पता चलता है ? इससे हमें यह ज्ञात होता है कि मात्र अपने साँस लेने के तरीके को बदलकर हम इस चीज में बदलाव ला सकते हैं कि हम कैसा महसूस कर रहे हैं! अध्ययन दरशाते हैं कि श्वसन संबंधी अभ्यास करने से अधीरता, अनिद्रा, तनाव संबंधी विकार और अवसाद जैसी चीजें कम हो सकती हैं।

अगली बार जब आपको तनाव हो, तब ध्यान दें। बस, अपनी आँखें बंद कर लें (तब नहीं, जब आप गाड़ी चला रहे हों या किसी

जरूरी मीटिंग के बीच में हों) और कुछ देर तक गहरी साँसें लें। आपको तुरंत अच्छा महसूस होगा।

ऐसा नियमित रूप से करें; बल्कि जितनी बार संभव हो सके, उतनी बार करें। इसे खुद आजमाकर देखेंगे तो आपको इसके परिणाम भी दिखेंगे।

इतना ही नहीं, इन आसान से सक्रिय श्वसन अभ्यासों से आप तुरंत शांति व सुकून का अनुभव कर सकते हैं।

इसे अनुलोम-विलोम प्राणायाम कहा जाता है और यह सबसे प्रभावी योग साधनाओं में से एक है। नाक के दोनों छिद्रों से एक-एक करके साँस लेने से आपको कुछ ही मिनटों में शांति का अनुभव होगा।

नाक के छिद्रों से एक-एक करके साँस लेना

इसे अनुलोम-विलोम प्राणायाम कहा जाता है और यह सबसे प्रभावी योग साधनाओं में से एक है। नाक के दोनों छिद्रों से एक-एक करके साँस लेने से आपको कुछ ही मिनटों में शांति का अनुभव होगा। ध्यान लगाने से पहले या भावनाओं के ज्वार-भाटे को शांत करने के लिए यह एक उत्कृष्ट क्रिया है। इसे किसी भी समय और कितनी भी देर तक किया जा सकता है।

देखें कि कैसे आप रोज मात्र पाँच मिनट इसे करने की शुरुआत कर सकते हैं—

1. आराम से, अपनी रीढ़ की हड्डी को सीधे रखते हुए बैठ जाएँ और अपनी आँखें बंद कर लें।
2. अपने दाएँ अँगूठे और कनिष्ठा उँगली से एक-एक करके अपनी नाक के एक छिद्र को अवरुद्ध करें, ताकि केवल

दूसरे छिद्र से ही आप साँस ले सकें। पहले बाएँ छिद्र से साँस छोड़ते हुए शुरुआत करें, फिर उसी छिद्र से साँस अंदर खींचें।

3. हर बार साँस खींचने के बाद बारी-बारी से दोनों छिद्रों से एक-एक कर इस्तेमाल करें। अपनी सामान्य गति से साँस लेते रहें और बिना बल दिए साँस छोड़ने की प्रक्रिया पूरी करने पर थोड़ा ध्यान दें।

हर बार साँस खींचने के बाद बारी-बारी से दोनों छिद्रों से एक-एक कर इस्तेमाल करें। अपनी सामान्य गति से साँस लेते रहें और बिना बल दिए साँस छोड़ने की प्रक्रिया पूरी करने पर थोड़ा ध्यान दें।

यदि ऐसा आप रोजाना करने की आदत डाल लेंगे तो आपको अपने विचार व भाव स्पष्ट रूप से दिखने शुरू हो जाएँगे; क्योंकि आपने केवल साँस को महसूस करके ही अपने शरीर में होनेवाले इंद्रिय-बोध को देखना सीख लिया है। इस तरह से, आप सोचने के एक बाध्यकारी व दोहराए जानेवाले चक्र में उलझेंगे नहीं; बल्कि इससे आपके दिमाग को आराम महसूस होगा और आपको अपनी समस्याओं के समाधान मिलने लगेंगे।

• रोज 'जर्नलिंग' द्वारा अपने दिमाग के बोझ को हलका कर लें

आप पहले ही जान चुके हैं कि आपके दिमाग पर कितना बोझ होता है। हर घंटे हम अपने दिमाग में खलबली मचाते हजारों विचारों से जूझते रहते हैं।

एक प्रसन्न मन के निर्माण के हमारे सफर में हमें सचेत रूप

से प्रसन्न विचारों को जन्म देना होगा; लेकिन हमारे दिमाग अब भी आदिम युग में ही हैं और सकारात्मक के बजाय नकारात्मक विचारों की ओर अधिक प्रवृत्त होते हैं। बेशक, आदिम युग में हमें हर स्थिति में नकारात्मक ढंग से ही सोचना पड़ता था, क्योंकि झाड़ियों में हो रहे हलके से शोर का मतलब भी किसी खूँखार जानवर का शिकार होना हो सकता था। हालाँकि, शारीरिक रूप से तो हमारा विकास हो गया, लेकिन हमारे जीवित रहने के लिए जिम्मेदार हमारा यह आदिम मस्तिष्क अब भी नकारात्मक विचारों को जन्म देना जारी रखे हुए है।

बल्कि 'जर्नलिंग' को लेखन के सबसे लाभकारी प्रकार के रूप में जाना जाता है। वर्ष 2005 में किए गए एक अध्ययन में यह पाया गया कि 'जर्नलिंग' से अकसर जुड़ा रहनेवाला अभिव्यंजक लेखन का प्रकार विशेष रूप से उपचारात्मक प्रकृति का होता है।

तो फिर, इसके लिए क्या किया जाए? इसका उपाय यह है कि अपने मस्तिष्क से हम एक नए मस्तिष्क का निर्माण करें—एक ऐसा मस्तिष्क, जो कागज पर 'स्टोर' करने का काम कर सके, जहाँ हम—जो कुछ भी हमारे मन में चल रहा हो, उसे बाहर निकालकर अपना दिमाग खाली कर सकें। इस प्रक्रिया को 'जर्नलिंग' या 'ब्योरा रखना' कहते हैं। बाहर कागज का एक दिमाग रहने से आपका अपना दिमाग खाली रहेगा और आपको इतनी जगह मिल सकेगी कि अपनी इच्छानुसार अपने विचारों को निर्देशित करते हुए आप अपनी विचार-प्रक्रिया को नियंत्रित कर सकें।

बल्कि 'जर्नलिंग' को लेखन के सबसे लाभकारी प्रकार के रूप में जाना जाता है। वर्ष 2005 में किए गए एक अध्ययन में यह पाया

गया कि 'जर्नलिंग' से अकसर जुड़ा रहनेवाला अभिव्यंजक लेखन का प्रकार विशेष रूप से उपचारात्मक प्रकृति का होता है। अध्ययन में यह पाया गया कि अभिघातक, तनावपूर्ण या भावात्मक घटनाओं के बारे में लिखनेवाले लोगों के बीमार पड़ने की संभावना काफी कम रहती है और जर्नलिंग न करनेवालों की तुलना में ऐसा करनेवालों पर किसी अभिघात द्वारा कम तीव्रता से असर होता है।

लेखन से सचेतन स्थान खाली होता है, ताकि दिमाग और अधिक बेहतर कार्य कर सके; जैसे कि नए आइडिया और विचारों को जन्म देना। साथ ही, अब आप तटस्थ रूप से सबकुछ होते हुए भी देख सकते हैं।

अपने विचारों और भावों को यदि आप निरंतर कागज पर देखते रहें तो आप उनसे दूरी बना सकते हैं। अधिक स्पष्टता से कहा जाए तो आपकी सचेतन स्मृति और RAM (किसी कंप्यूटर मेमोरी के जैसे ही) का इस्तेमाल खलबली मचानेवाले विचारों को स्टोर करने के लिए नहीं किया जाना चाहिए, बल्कि उनका इस्तेमाल तो नए विचारों के सृजन में किया जाना चाहिए।

लेखन से सचेतन स्थान खाली होता है, ताकि दिमाग और अधिक बेहतर कार्य कर सके; जैसे कि नए आइडिया और विचारों को जन्म देना। साथ ही, अब आप तटस्थ रूप से सबकुछ होते हुए भी देख सकते हैं। आप यह अंतर कर सकते हैं कि कोई विचार डरावना और नकारात्मक है या वाकई वह इस योग्य है कि उस पर ध्यान दिए जाने की जरूरत है।

'जर्नलिंग' आपको और अधिक कृतज्ञ व प्रसन्न बनाती है, क्योंकि अब आप अपने जीवन में हो रही सभी अच्छी चीजों को देख सकते हैं।

अपने 'जर्नल' में आपको क्या लिखना चाहिए?

अपनी पुस्तक 'द मिरेकल मॉर्निंग' में हैल एलरोड सुबह के छह ऐसे रिवाजों के बारे में बताते हैं, जिन्हें अपनाते हुए पूरी ऊर्जा के साथ दिन की शुरुआत करनी चाहिए और अपने सामर्थ्य का पूरा इस्तेमाल करना चाहिए। वे S.A.V.E.R.S. संक्षिप्ताक्षर सामने रखते हैं, जो प्रयुक्त होता है—मौन (silence), समर्थन (affirmation), कल्पना (visualization), अभ्यास (exercise), पठन (reading) और लेखन (scribble) के लिए। अंतिम भाग, यानी कि लेखन का अर्थ होता है जर्नलिंग, जो आपकी सुबह की दिनचर्या का ही भाग होता है।

> *अपनी पुस्तक 'द मिरेकल मॉर्निंग' में हैल एलरोड सुबह के छह ऐसे रिवाजों के बारे में बताते हैं, जिन्हें अपनाते हुए पूरी ऊर्जा के साथ दिन की शुरुआत करनी चाहिए और अपने सामर्थ्य का पूरा इस्तेमाल करना चाहिए।*

निम्नलिखित बिंदुओं में वह विशेष रूप से उन बातों की सलाह देते हैं, जिनका उल्लेख व्यक्ति को 'जर्नल' में करना चाहिए—

- अपने पिछले दिन के बारे में आप किस चीज के लिए कृतज्ञ महसूस करते हैं?
- आपकी विशेष उपलब्धियाँ क्या हैं?
- आप किन निश्चित क्षेत्रों में सुधार चाहते हैं?
- वे शीर्ष पाँच चीजें क्या हैं, जो आपको आज करनी चाहिए, ताकि अपने जीवन को आप एक स्तर ऊपर ले जा सकें?

अपनी पुस्तक 'द हाउ ऑफ हैप्पीनेस' में सोन्या ल्यूबोमिस्र्की

प्रसन्नता पाने के लिए 'जर्नलिंग' की एक तकनीक के रूप में 'बेस्ट पॉसिबल सेल्व्स डायरी मैथड' की सलाह देती हैं।

देखें कि यह कैसे काम करता है—

एक शांत जगह पर बैठ जाएँ और 20 से 30 मिनट लगाकर यह सोचें कि अब से एक, पाँच या दस वर्ष के बाद आप अपने जीवन को किस रूप में देखना चाहते हैं?

अपने लिए एक ऐसे भविष्य की कल्पना करें, जहाँ सबकुछ वैसा ही है, जैसा कि आप चाहते थे। आपने अपना श्रेष्ठतम प्रयास किया, कठिन परिश्रम किया और अपने सभी लक्ष्य प्राप्त किए। अब अपनी कल्पना को लिख डालें।

अपने लिए एक ऐसे भविष्य की कल्पना करें, जहाँ सबकुछ वैसा ही है, जैसा कि आप चाहते थे। आपने अपना श्रेष्ठतम प्रयास किया, कठिन परिश्रम किया और अपने सभी लक्ष्य प्राप्त किए। अब अपनी कल्पना को लिख डालें। लेखन का यह अभ्यास एक प्रकार से आपकी सकारात्मक दृष्टि को सक्रिय बनाए रखता है। भले ही पहली बार में आपको अपना भविष्य आसानी से उज्ज्वल न दिखाई दे, फिर भी प्रशिक्षण व समय के साथ वहाँ पहुँचा जा सकता है। लेखन के परिणामस्वरूप शानदार चीजें हो सकती हैं।

प्रसन्नता संबंधी एक अन्य शोधकर्ता नील पसरीचा भी 20 मिनट के रीप्ले अभ्यास की सलाह देते हैं। वह कहते हैं कि किसी सकारात्मक अनुभव के बारे में 20 मिनट तक लिखना अपनी प्रसन्नता को कई गुना बढ़ाने का एक शानदार तरीका है। वैज्ञानिक इसे 'आस्वादन' (savoring) कहते हैं।

मैंने आपको जर्नलिंग के कई तरीके बताए, क्योंकि मैं आपको केवल उस तक ही सीमित नहीं रखना चाहता था, जो केवल मेरे लिए कारगर रहा। हर कोई अलग होता है, इसलिए अपने विचारों और भावों को व्यक्त करने के लिए हो सकता है कि आप किसी भिन्न तकनीक का इस्तेमाल करना चाहें। इस जर्नलिंग अभ्यास को करने का पूरा उद्‍देश्य अपने दिमाग को खाली कर लेना है, ताकि अपने विचारों व भावों को एक दूरी से देखने में मदद मिल सके।

मैंने आपको जर्नलिंग के कई तरीके बताए, क्योंकि मैं आपको केवल उस तक ही सीमित नहीं रखना चाहता था, जो केवल मेरे लिए कारगर रहा। हर कोई अलग होता है, इसलिए अपने विचारों और भावों को व्यक्त करने के लिए हो सकता है कि आप किसी भिन्न तकनीक का इस्तेमाल करना चाहें।

अगर आप अब भी जर्नलिंग के तरीकों के बारे में जानना चाहते हैं तो जर्नल लेखन का एक विस्तृत पहलू पाने के लिए तथा यह जानने के लिए कि उसमें क्या होना चाहिए, आप रॉबिन शर्मा के इस लिंक पर जा सकते हैं : https://www.robinsharma.com/article/how-to-keep-a-journal

एक बार फिर से, रोजाना 10 मिनट का जर्नलिंग अभ्यास आपकी स्पष्टता के स्तर को बढ़ाना शुरू कर देगा और आपके चेहरे पर एक मुसकान लेकर आएगा। चूँकि आप कागज पर साफ-साफ इसे देख सकते हैं और मायने रखनेवाली तथा नजरअंदाज करनेवाली चीजों को पहचान सकते हैं, इसलिए आप अधिक ध्यान-केंद्रित व कर्मशील बन सकते हैं।

- **नियमित व्यायाम**

जैसा कि आप पहले ही जानते हैं कि एंडॉर्फिन दर्द को दबाकर प्रसन्नता लाते हैं। हमारे मस्तिष्क से एंडॉर्फिन एवं अन्य सहायक रसायन प्रवाहित करने के सबसे श्रेष्ठ तरीकों में से एक है शारीरिक व्यायाम। अध्ययन भी यह दरशाते हैं कि इससे BDNF (Brain—Derived Neurotrophic Factors) का संचार होता है, जो एक रीसेट स्विच की तरह काम करता है, जिसका मतलब है कि यह आपको रोजाना की चिंतन-प्रक्रिया से बाहर ले जाकर नए विचारों को जन्म देता है। आप अधिक रचनात्मक व समाधान-उन्मुख हो जाते हैं। व्यायाम आपको स्ट्रेस हॉर्मोन कहे जानेवाले कॉर्टिसोल के स्तरों को कम करने में मदद करता है, ताकि आप आसानी से किसी भी तनावपूर्ण स्थिति से उबर सकें।

शारीरिक गतिविधि का एक प्रभावशाली अध्ययन सन् 1999 में 'आर्काइव्स ऑफ इंटरनल मेडिसिन' में प्रकाशित हुआ था। शोधकर्ताओं ने 50 वर्ष और उससे अधिक आयु के ऐसे पुरुषों व स्त्रियों को भरती किया, जो क्लीनिकल डिप्रेशन से पीड़ित थे और उन्हें तीन समूहों में रैंडम तरीके से बाँट दिया।

शारीरिक गतिविधि का एक प्रभावशाली अध्ययन सन् 1999 में 'आर्काइव्स ऑफ इंटरनल मेडिसिन' में प्रकाशित हुआ था। शोधकर्ताओं ने 50 वर्ष और उससे अधिक आयु के ऐसे पुरुषों व स्त्रियों को भरती किया, जो क्लीनिकल डिप्रेशन से पीड़ित थे और उन्हें तीन समूहों में रैंडम तरीके से बाँट दिया।

पहले समूह को चार माह तक एरोबिक अभ्यास करने को कहा गया, दूसरे समूह को चार माह तक एंटीडिप्रेसेंट मेडिकेशन 'जोलॉफ्ट'

लेने को कहा और तीसरे समूह को ये दोनों करने को कहा। सौंपे गए कार्य में प्रति सप्ताह 45 मिनट, प्रत्येक के तीन सत्र--निगरानी के तहत मध्यम से उच्च तीव्रता वाली वॉकिंग/जॉगिंग या साइकलिंग के—शामिल थे।

चौथा माह पूरा होते-होते सभी तीन समूहों को काफी हद तक अपने अवसाद से राहत महसूस हुई और उनमें कम दुष्क्रिय रवैया तथा अधिक प्रसन्नता व आत्मसम्मान देखने को मिला। एरोबिक अभ्यास भी 'जोलॉफ्ट' के तौर पर अवसाद का उपचार करने या 'जोलॉफ्ट' एवं व्यायाम के संयोजन जितना ही कारगर था। फिर भी, थोड़े कष्ट को छोड़ दिया जाए तो व्यायाम कहीं कम खर्चीला होता है और इसके कोई दुष्प्रभाव भी नहीं होते।

छह माह बाद तो अपने अवसाद से उबरकर फिर से बीमार हो जानेवाले प्रतिभागियों में इसकी संभावना और भी कम हो गई, बशर्ते वे व्यायाम वाले समूह में रहे होते (छह माह पहले), बजाय इसके कि वे मेडिकेशन वाले समूह में रहते!

छह माह बाद तो अपने अवसाद से उबरकर फिर से बीमार हो जानेवाले प्रतिभागियों में इसकी संभावना और भी कम हो गई, बशर्ते वे व्यायाम वाले समूह में रहे होते (छह माह पहले), बजाय इसके कि वे मेडिकेशन वाले समूह में रहते!

जॉन रैटे ने अपनी पुस्तक 'द रेवोल्यूशनरी न्यू साइंस ऑफ एक्सरसाइज एंड ब्रेन स्टेटस' में यह कहा है कि नियमित रूप से व्यायाम करने की आदत बनाए रखने से डोपामाइन (जो अभिप्रेरणा, ध्यान व आनंद को बढ़ावा देता है), सेरोटोनिन (जो अधिगम, मनोवृत्ति व आत्मसम्मान में वृद्धि करता है) और नॉरएपिनेफ्रिन (जो सचेतता व

सतर्कता बनाए रखता है) जैसे सकारात्मक न्यूरोट्रांस्मिटरों का प्रवाह बना रहता है। सबसे अच्छी बात तो यह है कि व्यायाम से BDNF (Brain-Derived Neurotrophic Factor) तेजी से बनता है, जो एक ऐसा प्रोटीन है, जिसे रैटे ने 'दिमाग के लिए जादुई' कहा है।

उपर्युक्त अध्ययन व शोध पहले ही यह दरशा चुके हैं कि व्यायाम के कई स्वास्थ्य संबंधी व मानसिक लाभ हैं। यह शक्ति व स्फूर्ति सहित शारीरिक स्वास्थ्य में वृद्धि करता है तथा रचनात्मक चिंतन व संज्ञानात्मक कौशल को बेहतर बनाता है। यह तुरंत आपके मूड को बदलनेवाला भी होता है, क्योंकि इससे शरीर के 'एंटी-डिप्रेसेंट' कहे जानेवाले एंडॉर्फिन के उत्पादन में वृद्धि होती है।

हमारे चुनने के लिए ढेरों विकल्प मौजूद हैं। रैकेट बॉल, स्क्वैश, बास्केट बॉल, टेबल-टेनिस व बैडमिंटन जैसे कई इनडोर स्पोर्ट्र्स हैं तथा टेनिस, ट्रैक एंड फील्ड, बेसबॉल और सॉकर जैसे कई आउटडोर स्पोर्ट्र्स भी हैं।

हमारे चुनने के लिए ढेरों विकल्प मौजूद हैं। रैकेट बॉल, स्क्वैश, बास्केट बॉल, टेबल-टेनिस व बैडमिंटन जैसे कई इनडोर स्पोर्ट्र्स हैं तथा टेनिस, ट्रैक एंड फील्ड, बेसबॉल और सॉकर जैसे कई आउटडोर स्पोर्ट्र्स भी हैं। ये सभी वॉकिंग व जॉगिंग, जिम में व्यायाम करने, पाइलेट्स और योग तथा ऐसे ही अन्य के अतिरिक्त हैं।

इतने विकल्पों के होने और इनसे मिलनेवाले लाभ को जानने के बाद निश्चित तौर पर व्यायाम न करने का कारण अगर कुछ हो सकता है तो वह आलस्य और अपने जीवन को बेहतर बनाने हेतु समर्पण भाव की कमी होना ही होगा। यदि आप रोज की आदत के तौर पर मात्र तेजी से दो बार टहलने के बारे में भी सोचें तो यह आपको प्रसन्न रखेगा। यदि आप ज्यादा नहीं कर सकते तो मात्र 15 मिनट रोज के साथ शुरू करें,

मगर कम-से-कम शुरुआत तो करें।

प्रसन्नता पाने के संबंध में जिस प्रकार के लाभ आपको व्यायाम से मिल सकते हैं और इसमें लगनेवाला जो समय है, उस पर यदि आप गंभीरता से विचार करेंगे तो पाएँगे कि व्यायाम करने में जो समय आप लगा रहे हैं, वह वास्तव में आपको बदले में कितने लाभ दे रहा है!

• सचेत रहें

जैसा कि इस अध्याय की शुरुआत में ही मैंने बता दिया था, हमें इस प्रकार से अपनी खुद की सचेतता का स्तर बढ़ाने की जरूरत है, जिससे कि हम खुद को अपने विचारों व भावों के बंधन से मुक्त करा सकें।

ध्यान लगाना एक प्रक्रिया है, जिससे हम अपने ध्यान व सचेतता की गहराई में उतरते हुए उसे परिष्कृत करते हैं और अपने जीवन में उसका अधिक बड़ा व्यावहारिक उपयोग करते हैं। सचेत रहना एक प्रकार का ध्यान-योग है, जिसमें आप एक खूँटे के तौर पर बस, अपनी साँस पर ध्यान केंद्रित करते हैं। इसे 'आनापानसति योग' कही जानेवाली बौद्ध धर्म की एक प्राचीन तकनीक से लिया गया है। प्राकृतिक रूप से साँस के भीतर आने व जाने को जानना ही 'आनापान' है। इसके मात्र कुछ मिनटों के अभ्यास से ही आपका मन प्रसन्न, शांत व केंद्रित हो जाता है।

ध्यान लगाना एक प्रक्रिया है, जिससे हम अपने ध्यान व सचेतता की गहराई में उतरते हुए उसे परिष्कृत करते हैं और अपने जीवन में उसका अधिक बड़ा व्यावहारिक उपयोग करते हैं। सचेत रहना एक प्रकार का ध्यान--योग है, जिसमें आप एक खूँटे के तौर पर बस, अपनी साँस पर ध्यान केंद्रित करते हैं।

चलिए, और भी स्पष्ट हो जाते हैं। सचेतता का अभ्यास करने के

लिए आपको किसी धर्म विशेष का पालन करने की जरूरत नहीं होती है। यद्यपि इसकी शुरुआत बौद्ध धर्म में हुई थी, मगर अब यह आपकी खुशहाली को बेहतर बनाने की न्यूरोसाइंस द्वारा सिद्ध तकनीक बन चुका है।

सन् 1979 में यूनिवर्सिटी ऑफ मैसाचुसेट्स मेडिकल स्कूल के सेंटर फॉर माइंडफुलनेस इन मेडिसिन, हेल्थकेयर ऐंड सोसाइटी में एक अमेरिकी प्रोफेसर एमेरिटस जॉन कबात-जिन ने चिकित्सा के क्षेत्र में सचेतनता संबंधी विचारों और प्रथाओं के उपयोग को बढ़ावा दिया।

मुख्य रूप से उपचारात्मक उद्देश्य से पश्चिमी जगत् की मुख्यधारा में सचेतनता की भावना का प्रवेश हुआ। सन् 1979 में यूनिवर्सिटी ऑफ मैसाचुसेट्स मेडिकल स्कूल के सेंटर फॉर माइंडफुलनेस इन मेडिसिन, हेल्थकेयर ऐंड सोसाइटी में एक अमेरिकी प्रोफेसर एमेरिटस जॉन कबात-जिन ने चिकित्सा के क्षेत्र में सचेतनता संबंधी विचारों और प्रथाओं के उपयोग को बढ़ावा दिया। उन्होंने लंबी बीमारी से जूझ रहे लोगों के उपचार हेतु एक 'माइंडफुलनेस-बेस्ड स्ट्रेस रिडक्शन (MBSR) प्रोग्राम' चलाया।

न्यूरोसाइंस ने पहले ही सिद्ध कर दिया है कि सचेतनता को अपनाकर वास्तव में अपने मस्तिष्क की संरचना को बदला जा सकता है। हार्वर्ड मेडिकल स्कूल में एक न्यूरोसाइंटिस्ट सारा लजार ने योग व ध्यान लगाने जैसी कुछ विशेष क्रियाएँ करनेवाले किसी व्यक्ति के दिमाग में होनेवाले भीतरी भौतिक बदलावों पर नजर रखने के लिए मस्तिष्क की बहुत ही बारीक व विस्तृत संरचनाओं को देखने हेतु एम.आर.आई. प्रौद्योगिकी का इस्तेमाल किया।

अपने एक अध्ययन में उन्होंने ऐसे लोगों को शामिल किया, जिन्होंने पहले कभी ध्यान नहीं लगाया था और फिर उन्हें एक माइंडफुलनेस-बेस्ड स्ट्रेस रिडक्शन ट्रेनिंग प्रोग्राम कराया, जहाँ उन्होंने एक साप्ताहिक कक्षा रखी, जिसमें उन्हें सचेतनता का अभ्यास करने को कहा गया, जिसमें बॉडी स्कैन, सचेतन योग और हर दिन बैठकर 30 से 40 मिनट तक ध्यान लगाना शामिल था। उत्कंठा, अवसाद, आहार संबंधी विकार, अनिद्रा या दीर्घकालिक पीड़ा जैसे विभिन्न विकारों के लक्षणों को मिटाने तथा प्रतिभागियों के मनोवैज्ञानिक ढंग से ध्यान लगाने का, उनके मनोवैज्ञानिक कल्याण पर पड़नेवाले सकारात्मक प्रभावों हेतु सारा लजार उन प्रतिभागियों का परीक्षण कराना चाहती थीं।

अपने एक अध्ययन में उन्होंने ऐसे लोगों को शामिल किया, जिन्होंने पहले कभी ध्यान नहीं लगाया था और फिर उन्हें एक माइंडफुलनेस-बेस्ड स्ट्रेस रिडक्शन ट्रेनिंग प्रोग्राम कराया, जहाँ उन्होंने एक साप्ताहिक कक्षा रखी...

आठ महीने के बाद उन्हें यह मालूम हुआ कि मस्तिष्क के आकार में निम्न चीजों की वृद्धि हो गई है—

i. **हिप्पोकैंपस :** यह एक दरियाई घोड़े के आकार वाला एक ढाँचा होता है, जो अधिगम, स्मृतियों को सहेजकर रखने, उन्हें व्यवस्थित रखने तथा भावों के विनियमन हेतु जिम्मेदार होता है।

ii. **टेंपोरोपेरायटल जंक्शन :** यह वह क्षेत्र होता है, जहाँ टेंपोरल व पेरायटल लोब मिलते हैं और जो समानुभूति एवं करुणा के लिए जिम्मेदार होता है।

दूसरी ओर, दिमाग के जिस एक क्षेत्र में जगह कम हुई, वह था

एमिड्गेला, जो कि बादाम के आकार का एक ढाँचा होता है, जो किसी धमकी, चाहे वह वास्तविक हो या अनुभूत की हुई, की प्रतिक्रिया के जवाब रूप में बचकर निकलने या बचकर निकलने की प्रतिक्रिया को सक्रिय करता है।

मनोवैज्ञानिक, शोधकर्ता और 'द विल पावर इंस्टिंक्ट' पुस्तक की लेखिका केली मैकगॉनिगल ध्यान योग के लाभ बताती हैं—"न्यूरो-विज्ञानियों ने अब यह पता लगा लिया है कि जब हम बैठकर अपने मन को ध्यान लगाने का निर्देश देते हैं, तब न केवल हमारा ध्यान लगाना बेहतर होता है, बल्कि इससे हमारे आत्म-नियंत्रण का कौशल भी विकसित होता है, जिसमें ध्यान देना, ध्यान केंद्रित करना, तनाव का प्रबंधन, आवेग पर नियंत्रण रखना और आत्म-सचेतता शामिल हैं। एक अन्य अध्ययन में पता चला है कि आठ सप्ताह तक रोजाना ध्यान लगाने से दैनिक जीवन में आत्म-सचेतता के बढ़ने के साथ-साथ मस्तिष्क के तदनुरूपी क्षेत्रों में 'ग्रे मैटर' की मात्रा भी बढ़ती है। ध्यान लगाने से प्रीफ्रंटल कॉर्टेक्स में रक्त-प्रवाह उसी प्रकार बढ़ता है, जैसे वजन उठाने से आपकी मांसपेशियों में रक्त-प्रवाह बढ़ जाता है। व्यायाम के प्रति मस्तिष्क उसी प्रकार से अनुकूलित होता है, जैसे कि मांसपेशियाँ होती हैं, जहाँ वे आपकी आवश्यकतानुसार बड़ी और तेज होती जाती हैं।"

न्यूरो-विज्ञानियों ने अब यह पता लगा लिया है कि जब हम बैठकर अपने मन को ध्यान लगाने का निर्देश देते हैं, तब न केवल हमारा ध्यान लगाना बेहतर होता है, बल्कि इससे हमारे आत्म-नियंत्रण का कौशल भी विकसित होता है, जिसमें ध्यान देना, ध्यान केंद्रित करना, तनाव का प्रबंधन, आवेग पर नियंत्रण रखना और आत्म-सचेतता शामिल हैं।

'द टूल्स ऑफ टाइटन्स' के बेस्टसेलिंग लेखक टिम फेरिस एक लोकप्रिय पॉडकास्ट शो 'द टिम फेरिस शो' को भी होस्ट करते हैं। वह पहले ही विभिन्न पृष्ठभूमियोंवाले 200 से भी अधिक लोगों का साक्षात्कार कर चुके हैं, जिसमें दुनिया भर के कारोबारी दिग्गज, शीर्ष स्पोर्ट्स एथलीट व रचनात्मक शख्सियतें शामिल हैं, जैसे कि आर्नोल्ड श्वार्जनेगर, जेमी फॉक्स, एडवर्ड नॉर्टन, टोनी रॉबिन्स, मारिया शारापोवा, पीटर थिएल, अमांडा पामर, मैल्कम ग्लैडवेल और कई अन्य। श्रेणीवार तरीके से टिम फेरिस बताते हैं कि इन सभी शख्सियतों में से 80 प्रतिशत से भी अधिक द्वारा निभाए जानेवाले सबसे आम रिवाजों या रोजमर्रा के कामों में से एक यह है कि अपने रोजमर्रा के जीवन में वे किसी-न-किसी रूप में ध्यान-साधना करते हैं, यानी कि खुद का साक्षात्कार करने का अभ्यास करते हैं।

'द टूल्स ऑफ टाइटन्स' के बेस्टसेलिंग लेखक टिम फेरिस एक लोकप्रिय पॉडकास्ट शो 'द टिम फेरिस शो' को भी होस्ट करते हैं। वह पहले ही विभिन्न पृष्ठभूमियोंवाले 200 से भी अधिक लोगों का साक्षात्कार कर चुके हैं...

ध्यान लगाने की प्रक्रिया के लाभ अब व्यापक स्तर पर स्वीकार किए जा रहे हैं और ढेरों अच्छा प्रदर्शन करनेवाले व्यक्तियों द्वारा उनकी रोजाना की दिनचर्या में अपनाए जा रहे हैं, बशर्ते कि कोई किसी गुफा में दशकों तक छिपा ही न रहे। मैं उम्मीद करता हूँ कि आप ध्यान लगाने से संबंधित लाभों से अब परिचित हो चुके होंगे। तो चलिए, देखते हैं कि कैसे इस अभ्यास को किया जाए और फिर अपनी रोजमर्रा की जिंदगी में अपनाया जाए।

ध्यान लगाने संबंधी विशेषज्ञ सैम हैरिस ध्यान लगाने की तुलना किसी रस्सी पर चलने की तरह करते हैं, जिसे समझाना आसान है,

लेकिन करना उतना ही मुश्किल भी है। फिर वह ध्यान लगाने संबंधी अभ्यास के लिए जरूरी रूप से उठाए जानेवाले कदमों के बारे में समझाते हैं, जैसा कि आगे वर्णन किया गया है।

ध्यान लगाने संबंधी निर्देश—

- अपनी रीढ़ सीधी रखते हुए या तो किसी कुरसी पर या किसी तकिए पर पालथी मारकर बैठ जाएँ।
- अपनी आँखें बंद करें, कुछ गहरी साँसें लें तथा अपने शरीर व कुरसी या फर्श के बीच के स्पर्श बिंदुओं को महसूस करें। बैठने से जुड़े भावों पर ध्यान दें, जैसे कि दबाव, गरमाहट, गुदगुदी, कंपन आदि के भाव।
- धीरे-धीरे साँस लेते हुए इस प्रक्रिया से अवगत हो जाएँ। जहाँ कहीं भी आप अपनी साँस को स्पष्ट रूप से महसूस कर सकते हों, वहाँ उस पर ध्यान दें, चाहे वह नाक के छिद्रों पर हो या आपके उदर में उठती व गिरती हुई।
- अपने ध्यान को मात्र साँस लेने के भाव में आराम करने दें। (अपनी साँस को नियंत्रित करने की कोई जरूरत नहीं है। बस, उसे उसके स्वाभाविक ढंग से आने और जाने दें।)
- हर बार जब आपका मन भटकने लगे तो उसे वापस अपने श्वसन के अहसास तक धीरे से लेकर आएँ।
- अपनी साँस पर ध्यान केंद्रित करते हुए आप अन्य अनुभूतियों व एहसासों को भी उमड़ते हुए उन पर गौर कर पाएँगे— ध्वनि, शारीरिक अहसास, भाव आदि। सचेतता के क्षेत्र में घटती हुई इस परिघटना पर बस, गौर करें और फिर श्वसन के अहसास पर वापस लौट जाएँ।

- जिस क्षण आपको यह महसूस हो कि आप चिंतन में डूब गए हैं, उसी क्षण वर्तमान चिंतन को खुद में चेतनता की एक विषय-वस्तु के रूप में कल्पना करें, फिर वापस अपना ध्यान अपने श्वसन पर या अगले ही क्षण जो भी स्वर या अहसास उत्पन्न हो, उस पर ले जाएँ।
- इस तरह से, यह प्रक्रिया तब तक जारी रखें, जब तक कि आप मात्र चेतनता के विषयों—दृश्य, ध्वनि, अहसास, भाव और खुद विचार—के आने व जाने के साक्षी बन सकें।
- खुद को गिरने न दें।

जिस क्षण आपको यह महसूस हो कि आप चिंतन में डूब गए हैं, उसी क्षण वर्तमान चिंतन को खुद में चेतनता की एक विषय-वस्तु के रूप में कल्पना करें, फिर वापस अपना ध्यान अपने श्वसन पर या अगले ही क्षण जो भी स्वर या अहसास उत्पन्न हो, उस पर ले जाएँ।

जो इस अभ्यास में नए हैं, उन्हें आमतौर पर मार्गदर्शित ध्यान-साधना के रूप में इन निर्देशों को जोर से पढ़े जाना उपयोगी लगता है।

इन दिनों ढेरों 'मार्गदर्शित ध्यान-साधना' के ऐप हैं, जो एक मार्गदर्शित ध्यान-साधना में आपकी मदद कर सकते हैं। आपको केवल गूगल पर 'guided meditation apps' टाइप करना है और तुरंत ही आपको कई अच्छे व निःशुल्क ऐप मिल जाएँगे।

• बिना विचारे किए जानेवाले नेक कार्य

"खुद को खुश करने का सबसे अच्छा तरीका है कि किसी दूसरे को खुश किया जाए।"

—मार्क ट्वेन

चलिए, इसे एक लघु कथा से समझते हैं।

एक बुजुर्ग व्यक्ति समुद्र-तट पर अकेले टहल रहे थे और तभी उनका सामना एक नौजवान लड़के से हुआ, जो टूटती हुई लहरों में कुछ फेंक रहा था। नजदीक से देखने पर उस बुजुर्ग ने पाया कि वह लड़का किनारे तक आकर पड़ी हुई स्टारफिश को उस रेतीले समुद्र-तट से उठा-उठाकर वापस समुद्र में उछाल रहा था।

एक बुजुर्ग व्यक्ति समुद्र-तट पर अकेले टहल रहे थे और तभी उनका सामना एक नौजवान लड़के से हुआ, जो टूटती हुई लहरों में कुछ फेंक रहा था। नजदीक से देखने पर उस बुजुर्ग ने पाया कि वह लड़का किनारे तक आकर पड़ी हुई स्टारफिश को उस रेतीले समुद्र-तट से उठा-उठाकर वापस समुद्र में उछाल रहा था।

"तुम क्या कर रहे हो, बेटे?" बुजुर्ग ने पूछा।

लड़के का जवाब था, "यदि ये स्टारफिश समुद्र-तट पर ही पड़ी रह गईं तो सूर्योदय होते ही ये मर जाएँगी।"

"यह तो बड़ी अजीब बात है। न जाने कितने हजार मील के समुद्र-तट होते हैं और लाखों स्टारफिश भी होती हैं। तुम चाहे कितनी भी वापस फेंक दो, उससे कोई फर्क पड़ने वाला नहीं है।"

"यह इस वाली मछली के लिए मायने रखता है।" लड़के ने एक और स्टारफिश को लहरों में उछालते हुए कहा, "और इस वाली के लिए भी ।"

हो सकता है कि आपने यह कहानी पहले से ही सुन रखी हो और इसका संदेश भी बहुत स्पष्ट है। बिना सोचे-विचारे रोज नेकी के किसी भी कार्य में जुट जाएँ। इससे आपको तुरंत प्रसन्नता प्राप्त होगी।

चलिए, मैं एक ऐसा ही निजी उदाहरण आपसे साझा करता हूँ। एक दिन मैं एक सुनसान सड़क पर सुबह के समय कार चला रहा था। मैंने देखा कि एक आदमी हाथों में भारी बोरे लिये हुए पैदल चला जा रहा है। उसकी पत्नी दो बच्चों को गोद में सँभाले हुए थी और तीसरा बच्चा उनके साथ-साथ चल रहा था। वे अपने हाथ हिला-हिलाकर आती हुई गाड़ियों से अगले बस अड्डे तक के लिए लिफ्ट माँग रहे थे, ताकि वहाँ से अपने गंतव्य के लिए बस पकड़ सकें।

हो सकता है कि आपने यह कहानी पहले से ही सुन रखी हो और इसका संदेश भी बहुत स्पष्ट है। बिना सोचे-विचारे रोज नेकी के किसी भी कार्य में जुट जाएँ। इससे आपको तुरंत प्रसन्नता प्राप्त होगी।

पहले तो मैं यह सोचते हुए उन्हें पार कर गया कि मैं इस झंझट में क्यों पड़ूँ? मैंने सोचा कि उन्हें कोई और मिल जाएगा, या हो सकता है कि उन्हें इतना पैदल चलने की आदत हो, लेकिन कुछ मीटर तक आगे जाने के बाद मुझे लगा कि मुझे उनकी मदद करनी चाहिए। मैं कार पीछे ले गया और उन्हें लिफ्ट देने की पेशकश की। उनके चेहरों पर जो राहत और खुशी मुझे देखने को मिली, उसने तुरंत ही मेरा मन प्रसन्नता से भर दिया और मुझे अपने बारे में अच्छा महसूस होने लगा।

प्रख्यात वैज्ञानिक अल्बर्ट आइंस्टीन की नीचे दी गई यह उक्ति दरशाती

है कि कैसे दूसरों की सेवा करने से हमारी प्रसन्नता बढ़ जाती है। उन्होंने कहा है कि "रोजमर्रा के जीवन से एक बात तो हमें पता है कि हम यहाँ एक-दूसरे के लिए हैं और सबसे ज्यादा तो उनके लिए हैं, जिनकी मुसकान एवं खुशहाली पर हमारी खुशी निर्भर करती है और उन ढेरों लोगों के लिए भी, जिनकी किस्मत के साथ हम सहानुभूति की डोर से जुड़े हुए हैं।

"दिन में कई बार मैं सोचता हूँ कि मेरा खुद का भीतरी और बाहरी जीवन कितना अधिक मेरे ही जैसे अन्य, जीवित व मृत दोनों ही प्रकार के, मनुष्यों के परिश्रम की देन है और इस बात की कितनी अधिक जरूरत है कि जो कुछ भी मुझे मिला है, उसके बदले में मैं कितना अधिक-से-अधिक दे सकूँ।"

दिन में कई बार मैं सोचता हूँ कि मेरा खुद का भीतरी और बाहरी जीवन कितना अधिक मेरे ही जैसे अन्य, जीवित व मृत दोनों ही प्रकार के, मनुष्यों के परिश्रम की देन है और इस बात की कितनी अधिक जरूरत है कि जो कुछ भी मुझे मिला है, उसके बदले में मैं कितना अधिक-से-अधिक दे सकूँ।

अपने रोजमर्रा के जीवन में आप बिना सोचे-विचारे कई नेक काम कर सकते हैं या चाहें तो अपने आपसी संवादों में अपने सहकर्मियों का आभार भी व्यक्त कर सकते हैं या उनके प्रति उदार हो सकते हैं। जो तनाव या अवसादग्रस्त हो, उसे आपके कुछ शब्द आशा की एक नई किरण दे सकते हैं। अगर आप गहराई से इस बारे में सोचें तो अपने दिन में आपको यह आदत डालने के लिए ढेरों अवसर भी मिल जाएँगे।

अपने आसपास नेकी का प्रसार करें और यह कई गुना अधिक प्रसन्नता के रूप में आपके पास वापस आ जाएगी।

आशावादी और प्रसन्नचित्त लोगों के बीच रहें।

हमें अपनी संगत बहुत सोच-समझकर चुननी चाहिए। हमारे आसपास का माहौल ही हमें परिभाषित करता है, क्योंकि यह संक्रामक होता है। हमें ध्यानपूर्वक उन विषाक्त संबंधों को त्याग देना चाहिए, जो हमें ऊपर उठाने के बजाय हमारे पैरों की बेड़ियाँ बनते हों। साथ ही, हमें ऐसे संबंध स्थापित करने चाहिए, जो हमें आगे बढ़ने को प्रेरित करते हों।

हमें अपनी संगत बहुत सोच-समझकर चुननी चाहिए। हमारे आसपास का माहौल ही हमें परिभाषित करता है, क्योंकि यह संक्रामक होता है। हमें ध्यानपूर्वक उन विषाक्त संबंधों को त्याग देना चाहिए, जो हमें ऊपर उठाने के बजाय हमारे पैरों की बेड़ियाँ बनते हों।

हमारे संबंधों का हमारे आंतरिक विकास और हमारे दैनिक मिजाज एवं सामान्य हाल-चाल पर सीधा प्रभाव पड़ता है, जैसा कि जिम रॉन ने ठीक ही कहा है, "जिन पाँच लोगों के साथ आप सबसे ज्यादा समय बिताते हैं, आप उन्हीं का औसत होते हैं।" परिवार व मित्रों के साथ समय बिताना जरूरी है। हम सामाजिक जीव हैं और हमें अपनेपन के अहसास की जरूरत होती है।

अपने अच्छे समय को साझा करने के लिए हमें अपने परिवार के लोगों और मित्रों के साथ की जरूरत होती है। इसके अतिरिक्त, यही साथ होता है, जहाँ हम अपनी सबसे निजी बातों को भी साझा कर सकते हैं। ये हमें कठिन समय से उबरने में भी मदद करते हैं—न केवल भावनात्मक सहारा देकर, बल्कि इसलिए भी कि ये हमें पूरी तरह से एक नया नजरिया देते हैं कि कैसे किसी परिस्थिति विशेष को देखा जाए और साथ ही ये नए विचार व समाधान भी देते हैं।

"आपके जीवन में तब अच्छी चीजें होती हैं, जब आप खुद को सकारात्मक लोगों के बीच में रखते हैं।"

—रॉय बेनेट

इसलिए, नियमित रूप से उन लोगों के साथ समय बिताएँ, जो आपको आपके सफर में आगे बढ़ाते हैं और उन लोगों से बचें, जो जीवन के प्रति एक नकारात्मक दृष्टिकोण रखते हैं तथा अपने जीवन की दशा बदलने नहीं देना चाहते हैं।

अध्याय 6 : मुख्य बिंदु

आत्म-सचेतता ही अपने मन को नियंत्रण में रखने की कुंजी है। आत्म-सचेतता पाने का यहीं तरीका है कि खुद को अपने विचारों व भावों से मुक्त कर लिया जाए।

निरंतर प्रसन्न रहने के लिए गहराई से सचेत रहने की जरूरत होती है।

निम्नलिखित आदतें आपको अपने मन से मुक्त होने के साथ-साथ अपने निजी जीवन में प्रसन्न रहने में भी मदद करेंगी—

- कृतज्ञ बनें;
- गहरी साँस लें;
- नियमित व्यायाम करें;
- जर्नलिंग के द्वारा अपना मन हलका रखें;
- ध्यान लगाया करें;
- अच्छे लोगों से खुद को घिरा रखें;
- रोज कोई नेक काम करें।

सबसे अच्छी बात यह है कि इन आदतों को अपने रोजमर्रा के जीवन में अपनाने के लिए आपको बहुत ज्यादा समय की जरूरत भी नहीं होती है।

मान लीजिए कि आप बहुत व्यस्त भी हैं, फिर भी, यदि आप केवल आधा घंटा भी देंगे तो उपर्युक्त आदतों को आप अपने रोज के जीवन में अपना सकते हैं। स्पष्ट रूप से कहा जाए तो कृतज्ञता व्यक्त करने में 2 मिनट से अधिक नहीं लगेंगे। 5 मिनट में 'जर्नलिंग' की जा सकती है, श्वसन व ध्यान संबंधी अभ्यास 15 मिनट में किए जा सकते हैं। हर रोज आप 10 मिनट का गहन व्यायाम कर सकते हैं तथा सप्ताहांत पर और ज्यादा भी कर सकते हैं।

स्पष्ट रूप से कहा जाए तो कृतज्ञता व्यक्त करने में 2 मिनट से अधिक नहीं लगेंगे। 5 मिनट में 'जर्नलिंग' की जा सकती है, श्वसन व ध्यान संबंधी अभ्यास 15 मिनट में किए जा सकते हैं। हर रोज आप 10 मिनट का गहन व्यायाम कर सकते हैं तथा सप्ताहांत पर और ज्यादा भी कर सकते हैं।

और यह अतिरिक्त आधा घंटा सोने के बाद 30 मिनट पहले उठकर निकाला जा सकता है। आप सुबह या शाम के अपने समय में से भी अन्य गतिविधियों में से थोड़ा-थोड़ा समय निकाल सकते हैं।

आधे घंटे का नियमित अभ्यास करने से भी आपको उच्चतर आत्म-सचेतता, कम होते तनाव के रूप में परिणाम मिलने शुरू हो जाएँगे और कुछ ही हफ्तों में आपके जीवन में शांति व आनंद का प्रवेश होने लगेगा।

□

7

व्यवसाय संबंधी प्रसन्नता की आदतें

**"लोग उस काम में विरले ही सफल होते हैं,
जिसे करने में उन्हें आनंद नहीं आता।"**

—डेल कारनेगी

काम करना हमारे जीवन का सबसे अभिन्न अंग है। हम हर रोज 8 से 12 घंटे काम करते हुए और फिर कुछ और घंटे काम के बारे में सोचते हुए बिताते हैं। काम में बिताया जानेवाला समय परिपूर्णता एवं उपलब्धि का स्रोत हो सकता है और कुछ लोगों के लिए काम करना बेचैनी, चिंता या अवसाद का भी कारण हो सकता है। अधिकतर मामलों में, यह इस पर निर्भर करता है कि हम अपने काम को किस तरह से देखते हैं!

मार्टिन सेलिग्मैन तीन प्रकार के कार्य अनुकूलनों के बारे में बताते हैं—जॉब, कॅरियर और उद्यम (calling)।

उनके अनुसार, आप किसी जॉब पर केवल अपने वेतन को पाने के लिए जाते हैं, अपना समय पंच करते हैं और भुगतान पा जाते हैं।

आपका कॅरियर किसी दिए गए क्षेत्र में उन्नति और महारत के लाभों का आनंद उठाने के लिए होता है।

दूसरी ओर, एक उद्यम (या व्यवसाय) खुद कार्य के प्रति एक उत्साह-भरी प्रतिबद्धता होती है।

कोई भी जॉब एक उद्यम बन सकता है और कोई भी उद्यम एक जॉब बन सकता है।

एक फिजीशियन, जो अपने काम को एक जॉब की तरह देखता है और केवल एक अच्छी आय बनाने में रुचि रखता है, वह एक उद्यमी नहीं होता; जबकि कचरा उठानेवाला कोई व्यक्ति, जो अपने काम को इस तरह से देखता हो कि वह दुनिया को एक साफ-सुथरी और स्वस्थ जगह बना रहा है, एक उद्यमी कहा जा सकता है।

हमारा काम ही हमारी पहचान बनाता है। अधितकर लोग अन्य लोगों के साथ काम करते हैं। मैं कह सकता हूँ कि 99 प्रतिशत आबादी अन्य लोगों के साथ मिल-जुलकर ही काम करती है...

हमारा काम ही हमारी पहचान बनाता है। अधितकर लोग अन्य लोगों के साथ काम करते हैं। मैं कह सकता हूँ कि 99 प्रतिशत आबादी अन्य लोगों के साथ मिल-जुलकर ही काम करती है; जबकि कुछ ही श्रेणियाँ ऐसी हैं—जैसे कि लेखक, चित्रकार आदि—जिनका काम ही ऐसा है कि उन्हें नियमित रूप से बाहरी दुनिया से संवाद करने की कोई खास जरूरत नहीं पड़ती है।

तो चलिए, अधिकांश लोगों की बात करते हैं। जब हमारा काम और प्रोफेशनल कॅरियर दैनिक आधार पर हमारे जागकर बिताए जानेवाले समय का आधे से भी ज्यादा ले लेता है (हमारे समय का 1/3 भाग नींद व आराम में जाता है), तब काम करते हुए और बाहरी दुनिया से निपटते हुए प्रसन्नता की विधा में महारत हासिल करना वास्तव में और भी महत्त्वपूर्ण हो जाता है।

इस खंड में हम उन आदतों के बारे में बात करेंगे, जो हमें हमारे काम में खुशी देने में मदद करेंगी।

• वक्त के पाबंद बनें

समय पर काम पर पहुँचने, और हो सके तो समय से पहले ही पहुँचने, से हमें अपने विचारों को एकत्रित करके अपने रोजमर्रा के जीवन में जिन परिस्थितियों का सामना करना पड़ता है, उन पर प्रतिक्रिया देने में मदद मिलती है। चाहे आप एक उद्यमी हों या फिर एक कर्मचारी, आपको हमेशा लक्ष्य रखते हुए अपने कार्य-स्थल पर समय से पाँच मिनट पहले पहुँचकर अपने कार्य-दिवस की सही शुरुआत करनी चाहिए।

"सुबह एक घंटे की देर आपको दिन भर उसकी भरपाई करने में लगा देती है।"

—रिचर्ड वेटली

यह भी सच है कि अच्छे से शुरू किया गया कोई काम आधा हो चुका काम माना जाता है। अगर आप अपने काम की शुरुआत जल्दी करते हैं तो अपने काम पर पूरी गंभीरता से ध्यान देते हुए एक कम व्यवधान वाले माहौल में एक शानदार शुरुआत करने का लाभ उठा सकते हैं। इससे तनाव दूर रहता है, क्योंकि अपने काम के बोझ तले दबने के बजाय आप पूरी सक्रियता के साथ चुनौतियों का डटकर सामना करते हैं।

समय पर काम पर पहुँचने, और हो सके तो समय से पहले ही पहुँचने, से हमें अपने विचारों को एकत्रित करके अपने रोजमर्रा के जीवन में जिन परिस्थितियों का सामना करना पड़ता है, उन पर प्रतिक्रिया देने में मदद मिलती है।

सुबह दफ्तर समय से पहुँचने या

चाहे यह किसी जरूरी मीटिंग में शामिल होने के लिए हो, आपको अपने काम के प्रति आत्मविश्वास और प्रतिबद्धता के भाव से भर देता है। वक्त का पाबंद रहने से आपको योजनाबद्ध तरीके से अपना श्रेष्ठ प्रदर्शन करने में मदद मिलती है।

इसलिए, अपने कार्यस्थल पर वक्त के पाबंद रहें तथा अपनी मीटिंगों और हर ऐसे अवसर पर, जब जरूरी हो, समय पर पहुँचें।

• किसी संवाद की अच्छी शुरुआत करने की ताकत विकसित करें

किसी भी संवाद-प्रक्रिया में हम जिस चीज का सबसे पहले सामना करते हैं, उसी से हमारा व्यवहार प्रभावित होता है। मनोवैज्ञानिक इसे 'प्राइमिंग' कहते हैं।

शोध दरशाता है कि किसी बातचीत को हम किस प्रकार से शुरू करते हैं, यही उस बातचीत के आगे के क्रम को निर्धारित करता है। यदि कोई संवाद नकारात्मक ढंग से शुरू होता है तो वह उसी दिशा में आगे भी जारी रहता है। इसलिए उसकी सकारात्मक शुरुआत करके आप उसके शानदार होने को एक दिशा दे देते हैं।

शोध दरशाता है कि किसी बातचीत को हम किस प्रकार से शुरू करते हैं, यही उस बातचीत के आगे के क्रम को निर्धारित करता है। यदि कोई संवाद नकारात्मक ढंग से शुरू होता है तो वह उसी दिशा में आगे भी जारी रहता है।

**"हमारा बोला गया हर शब्द मायने रखता है,
खासतौर से किसी नए संवाद की शुरुआत में।"**

—मिशेल गीलन

मिशेल गीलन ने अपनी पुस्तक 'ब्रॉडकास्टिंग हैप्पीनेस' में 'पावर लीड्स' की अवधारणा के बारे में बताया है—"एक पावर लीड किसी बातचीत या अन्य संचार की ऐसी सकारात्मक, आशावादी और प्रेरक शुरुआत होती है, जो सामाजिक संबंधों की पृष्ठभूमि तैयार करती है।"

किसी टीम को अभिप्रेरित करने, उसमें सहकर्मियों से गहराई से जुड़ने तथा उच्च स्तर की रचनात्मकता हेतु पृष्ठभूमि तैयार करने के सबसे महत्त्वपूर्ण चरणों में से एक है 'पावर लीड'; क्योंकि यह दिमाग को विकासोत्पादक क्षेत्रों पर ध्यान करने में मदद करता है।

किसी टीम को अभिप्रेरित करने, उसमें सहकर्मियों से गहराई से जुड़ने तथा उच्च स्तर की रचनात्मकता हेतु पृष्ठभूमि तैयार करने के सबसे महत्त्वपूर्ण चरणों में से एक है 'पावर लीड'; क्योंकि यह दिमाग को विकासोत्पादक क्षेत्रों पर ध्यान करने में मदद करता है। चूँकि मनुष्यों में एक-दूसरे का अनुसरण करने की प्रवृत्ति होती है, इसलिए जिन लोगों से आप जुड़ते हैं, वे आपके जुड़ने के साथ ही 'पावर लीड' की सकारात्मक प्रवृत्ति को अकसर प्रतिबिंबित करते हैं।

अलग-अलग परिस्थितियों में 'पावर लीड' के कुछ उदाहरण हैं—

मीटिंग : एक मीटिंग की शुरुआत करते हुए आपने और आपकी टीम ने जो भी प्रगति की है, उसके बारे में आभार व्यक्त करने या उसकी सकारात्मक कहानियों को कहने के लिए पाँच मिनट लगाएँ।

अभिभावक : स्कूल के बाद (या कोई खेल-कूद गतिविधि आदि) जब अपने बच्चे को आप पहली बार देखें, तब उससे यह पूछते हुए शुरुआत करें कि उसके दिन का सबसे अच्छा भाग क्या रहा?

इ-मेल : अपने इ-मेल की शुरुआत एक सामान्य 'हाय (नाम)! उम्मीद है कि आप अच्छे होंगे!' से करें और फिर जो भी चर्चा आपको करनी हो, उसकी शुरुआत कर दें।

- **नियमित रूप से प्रवाह में आने का अभ्यास करें**

रोज आपको प्रवाह में आने का प्रयास करना चाहिए।

प्रवाह में आने के लिए कुछ बातें जरूरी हैं—

- एक व्यवधान-रहित माहौल में कम-से-कम दो से तीन घंटे बिताएँ। आमतौर पर सुबह को और दोपहर से पहले के समय को चुनना सबसे अच्छा रहता है; क्योंकि तब आप चुनौतीपूर्ण कार्यों को करने के लिए ऊर्जा से भरे हुए होते हैं। अपने फोन को साइलेंट मोड पर रख दें और अपने माहौल के व्यवधानों से जितना संभव हो सके, बचने का प्रयास करें। अधिकतर लोग अपने काम के माहौल में व्यवधानों को नियंत्रित नहीं कर सकते। इसलिए यही बेहतर विकल्प रहेगा कि अन्य लोग कार्यस्थल पर आना शुरू करें, इससे पहले ही अपनी महत्त्वपूर्ण परियोजनाओं पर जल्दी काम करना शुरू कर दें।

> *एक व्यवधान-रहित माहौल में कम-से-कम दो से तीन घंटे बिताएँ। आमतौर पर सुबह को और दोपहर से पहले के समय को चुनना सबसे अच्छा रहता है; क्योंकि तब आप चुनौतीपूर्ण कार्यों को करने के लिए ऊर्जा से भरे हुए होते हैं।*

- आपको अपने मौजूदा काम पर ध्यान देने की तीव्रता बढ़ानी

होगी तथा अपने और अपने काम के रास्ते में अन्य किसी को भी आने नहीं देना होगा।

- जो काम आप कर रहे हों, वह आपकी वर्तमान क्षमताओं से थोड़ा अधिक होना चाहिए, ताकि उसकी चुनौती को स्वीकार कर सकें। याद रहे कि मनुष्यों को विकास पसंद है और चुनौतियाँ ही उनका विकास करती हैं।

जो काम आप कर रहे हों, वह आपकी वर्तमान क्षमताओं से थोड़ा अधिक होना चाहिए, ताकि उसकी चुनौती को स्वीकार कर सकें। याद रहे कि मनुष्यों को विकास पसंद है और चुनौतियाँ ही उनका विकास करती हैं।

जैसा कि आपने पहले ही पिछले खंडों में 'फ्लो : द साइकोलॉजी ऑफ ऑप्टिमल एक्सपीरिएंस' पुस्तक की लेखिका मिहाई चिकसेंतमिहाई से सीखा है, मानवीय अनुभव की इष्टतम दशा तब होती है, जब हम उन गतिविधियों में शामिल होते हैं, जो हमसे--हमारी चुनौतियों के अनुसार—हमारे कौशल का विस्तार कराती हैं। अत्यधिक चुनौतियाँ मिलने से उत्कंठा होती है और बहुत कम चुनौतियाँ बोर करती हैं। इसलिए प्रवाह की स्थिति में आने के लिए आपको सही मेल बिठाना होता है। हर रोज उस प्रवाह को पाने का प्रयास करेंगे तो आपको अपने कार्यस्थल पर और अधिक खुशी मिलेगी।

• पूरी तरह मशीन न बन जाएँ

केवल काम-ही-काम करते रहने से न केवल आप शारीरिक रूप से थक जाएँगे, बल्कि इससे हमारा चिंतन भी एक-आयामी होकर रह जाएगा। हम उन कीमती पलों को गँवा बैठेंगे, जिन्हें हम अपने परिवार

और मित्रों के साथ बिता सकते थे। एक ऐसा शौक पालना या कारण ढूँढ़ना भी जरूरी होता है, जिसमें हम सहभागी हो सकें और उसके लिए समय निकाल सकें।

क्या जितना समय आप अपने काम को देते हैं, उतना ही आराम को भी दे रहे हैं? याद रहे कि बहुत ज्यादा काम करने से ज्यादा जरूरी होता है पर्याप्त आराम करना। एक परफॉर्मेंस साइकोलॉजिस्ट जिम लीहर अपनी पुस्तक 'टफनेस ट्रेनिंग फॉर लाइफ' में इस फॉर्मूले पर जोर देते हैं—

"यह समझना जरूरी है कि विरले ही तनाव हमें हराता है; बल्कि अकसर हमारी हार का कारण तनाव से उबरने की अपर्याप्त क्षमता होती है। जाहिर-सी बात है कि अत्यधिक तनाव से उबरने में समय भी अधिक लगता है। इसलिए कठिन परिस्थितियों में आपका लक्ष्य यह होना चाहिए कि तनाव की जितनी शक्तिशाली तरंगें आपके सामने उठें, उतनी ही शक्तिशाली तरंगें आप उससे उबरने की भी पैदा कर सकें। इसके लिए यहाँ एक अनिवार्य 'टफनेस ट्रेनिंग' सिद्धांत दिया गया है। मेहनत जमकर करें, पर आराम भी उतना ही लें।

यह समझना जरूरी है कि विरले ही तनाव हमें हराता है; बल्कि अकसर हमारी हार का कारण तनाव से उबरने की अपर्याप्त क्षमता होती है। जाहिर-सी बात है कि अत्यधिक तनाव से उबरने में समय भी अधिक लगता है।

प्रशिक्षण के नजरिए से देखा जाए तो उबरने के प्रशिक्षण पर भी उतना ही ध्यान दिया जाना चाहिए, जितना तनाव के प्रशिक्षण पर दिया जाता है। दुर्भाग्यवश, ऐसा कम ही होता है। वे इसे इस तरह से समझाते हैं, "स्पष्ट रूप से कहा जाए तो तनाव ही विकास का कारण बनता है। आप उबरते तभी हैं, जब आप आगे बढ़ते हैं।" इसलिए, कभी-कभी

काम से पूरी तरह मन हटाकर आराम करने पर भी ध्यान देना चाहिए।

कोई खेल खेलना चाहिए, सामाजिक क्रिया-कलापों में शामिल होना चाहिए, जैसे कि अल्प-सुविधा प्राप्त बच्चों की पढ़ाई आदि। इससे आप फिर से तरो-ताजा होकर काम पर वापस लौट सकेंगे तथा अपना जीवन और भी अर्थपूर्ण बनाते हुए सभी स्तरों पर लाभान्वित हो सकेंगे।

- **प्रतिक्रियाएँ एवं सुझाव पाने तथा सीखने के लिए तत्पर रहें**

शोधकर्ताओं जेराल्ड ओलिवेरो के 'डिनाइस बेन' और रिचर्ड ई. कोपलमैन द्वारा सार्वजनिक क्षेत्र के 31 प्रबंधकों पर सन् 1997 में किए गए एक अध्ययन में यह पाया गया कि मात्र एक प्रशिक्षण कार्यक्रम से ही उत्पादकता 28 प्रतिशत तक बढ़ जाती थी; लेकिन उसी में दिया जानेवाला अनुवर्ती प्रशिक्षण भी इस प्रशिक्षण की उत्पादकता को 88 प्रतिशत तक बढ़ा देता था।

कोई खेल खेलना चाहिए, सामाजिक क्रिया-कलापों में शामिल होना चाहिए, जैसे कि अल्प-सुविधा प्राप्त बच्चों की पढ़ाई आदि। इससे आप फिर से तरो-ताजा होकर काम पर वापस लौट सकेंगे तथा अपना जीवन और भी अर्थपूर्ण बनाते हुए सभी स्तरों पर लाभान्वित हो सकेंगे।

इसलिए, रक्षात्मक होने के बजाय आपको आलोचना को रचनात्मक ढंग से लेना चाहिए और अपने आलोचक को अपने हितैषी के रूप में देखना चाहिए, जो आपके बेहतर बनने और आगे बढ़ने की चाह रखता हो। इसी के साथ, उन लोगों से मिलनेवाली आलोचना को नजरअंदाज करना भी सीखना चाहिए, जो हमें हतोत्साहित करने के लिए ही की गई हो। यदि नियमित रूप से आप अपने रवैए में बदलाव लाएँगे और अपने प्रदर्शन

के बारे में प्रतिक्रिया पाने के लिए अधिक सुग्राही बनेंगे तो कुछ ही समय में आप अपने काम में महारत हासिल करना शुरू कर देंगे और अकसर एक प्रवाहमयी स्थिति में खुद को पाएँगे।

• अधिक-से-अधिक नेटवर्क बनाएँ

किसी ने ठीक ही कहा है कि "आपका नेटवर्क ही आपकी कुल संपत्ति होती है।" अपने आसपास नेटवर्क बननेवाले लोग लगातार नए कारोबारी अवसरों का निर्माण करते रहते हैं; जबकि ऐसा न करनेवाले लोग नेटवर्क बनानेवाले लोगों के लिए काम करते हैं।

> ***"आपका नेटवर्क ही आपकी कुल संपत्ति होती है।" अपने आसपास नेटवर्क बननेवाले लोग लगातार नए कारोबारी अवसरों का निर्माण करते रहते हैं; जबकि ऐसा न करनेवाले लोग नेटवर्क बनानेवाले लोगों के लिए काम करते हैं।***

'द रिच डैड पूअर डैड' के लेखक रॉबर्ट टी. कियोसाकी कहते हैं, "दुनिया के सबसे अमीर लोग भी नेटवर्क बनाते हैं। बाकी सभी लोग काम ढूँढ़ने के लिए प्रशिक्षित होते हैं।" पूरा ब्रह्मांड ही 'परस्पर निर्भरता' (न कि स्वतंत्रता) के सिद्धांत पर काम करता है। आप अकेले केवल एक सीमा तक ही काम कर सकते हैं; लेकिन यदि आप नेटवर्क बनाकर अन्य लोगों के साथ जुड़ जाएँ तो आप अपने ज्ञान, अनुभव एवं कौशल को तुरंत ही कई गुना बढ़ा लेते हैं, जिसके परिणामस्वरूप प्रदर्शन उच्च हो जाता है और शानदार परिणाम मिलते हैं।

ऑनलाइन और ऑफलाइन—दोनों ही तरह के लोगों में गंभीरता से रुचि लें। कॅरियर की सफलता पूरी तरह से आपके संबंधों के बारे में ही

होती है। जितना अधिक आप लोगों से जुड़ेंगे, उतना ही बेहतर सहयोग आपको अपने कॅरियर में हर कदम पर मिलेगा।

नेटवर्किंग को अपनी व्यावसायिक आदतों का हिस्सा कैसे बनाएँ?

- अपने कार्य-स्थल पर हर दिन अलग-अलग विभागों व टीमों के लोगों से मिलने-जुलने के लिए कुछ मिनट निकाला करें, बशर्ते यह आपके कार्य-प्रदर्शन को प्रभावित करने की कीमत पर न हो।
- अपने काम से जुड़े कॉन्फ्रेंस व सेमिनार में शामिल हों और कनेक्शन बनाएँ।
- स्वेच्छा से समूहों व दलों में काम करें, ताकि नियमित रूप से आपको अलग-अलग प्रकार के लोगों से मिलने-जुलने का मौका मिल सके।

• दूसरों की मदद करने पर ध्यान दें

आज के तथाकथित आधुनिक जगत् में हम अपने संबंधों में भी इतने अधिक भौतिकतावादी हो गए हैं कि दूसरों से बदले में कुछ पाने की अपेक्षा किए बिना उनकी मदद करने या उन्हें कुछ देने के आनंद से खुद को वंचित कर लेते हैं। हमारी खुशी भी दूसरों की खुशी में ही छिपी होती है। आप दूसरों को उनके हिस्से की खुशी देंगे तो आपको भी अपने हिस्से की खुशी जरूर मिलेगी।

इसलिए, अगली बार जब आप किसी अन्य के लिए कुछ अच्छा करें तो मात्र एक बेहतर मनुष्य बनने के उद्देश्य से ही ऐसा करें। हमें अपने अंदर अहंकार की भावना न रखते हुए कुछ अच्छा केवल इसलिए

करना चाहिए, क्योंकि ऐसा करना ही सही होता है।

दूसरों के लिए की गई भलाई को गिनने के बजाय हमें यह याद रखना चाहिए कि दूसरों ने हमारा कितना भला किया है—और कभी बदले में कुछ पाने की चाह नहीं रखनी चाहिए। बिना किसी उम्मीद के किसी को कुछ देना हमेशा अच्छा होता है, क्योंकि हमें भी तो जीवन में कितना कुछ अच्छा ही मिला है।

दूसरों के लिए की गई भलाई को गिनने के बजाय हमें यह याद रखना चाहिए कि दूसरों ने हमारा कितना भला किया है—और कभी बदले में कुछ पाने की चाह नहीं रखनी चाहिए। बिना किसी उम्मीद के किसी को कुछ देना हमेशा अच्छा होता है, क्योंकि हमें भी तो जीवन में कितना कुछ अच्छा ही मिला है।

अध्याय 7 : मुख्य बिंदु

जागकर बिताया जानेवाला हमारा काफी समय तो हमारा काम ही खा जाता है और एक तरह से हमारा काम ही दुनिया में हमारी पहचान बनाता है। हम अपने काम के प्रति कैसा रवैया रखते हैं, इसी पर यह भी निर्भर करता है कि हम उसे केवल एक जॉब या एक कॅरियर या फिर एक उद्यम के रूप में देखते हैं।

अकेले या अन्य लोगों के साथ मिलकर काम करते हुए प्रसन्नता पाने के लिए हमें अपने दैनिक जीवन में निम्नलिखित आदतों को शामिल करना चाहिए—

- काम पर या अन्य लोगों के साथ किसी मीटिंग के समय वक्त के पाबंद बनें।
- किसी भी बातचीत की अच्छी शुरुआत कीजिए।

- रोज प्रवाह की स्थिति में पहुँचिए।
- कुछ देर पूरी तरह से आराम करिए।
- सीखने को तत्पर रहिए।
- अधिक-से-अधिक नेटवर्क बनाइए।
- दूसरों की मदद करने पर ध्यान दीजिए।

□

8

परिवार व मित्रों संग खुशहाल संबंधों की आदतें

"आपको खुश रहने के लिए बहुत ज्यादा लोगों की नहीं,
केवल उन कुछ लोगों की जरूरत होती है,
जो आपको आप जैसे हैं, उसी रूप में पसंद करते हैं।"

—विज खलीफा

दीर्घकालिक प्रसन्नता के सबसे सुनिश्चित तरीकों में से एक है—परिवार, मित्रों और एक जैसी सोच रखनेवाले लोगों के साथ रिश्तों को प्रगाढ़ बनाना। प्रौद्योगिकी आपको कितना कुछ भी देती हो और भले ही वह इंटरनेट के माध्यम से आपको लाखों लोगों से जुड़ने में सक्षम बनाती हो, लेकिन सबसे ज्यादा मायने व्यक्ति का व्यक्ति से सीधा जुड़ाव ही रखता है।

प्रौद्योगिकी प्रसन्नता, आनंद या समानुभूति के उस स्तर को कभी नहीं पैदा कर सकती, जिसे किसी व्यक्ति के साथ आमने-सामने बैठकर व्यक्त या हासिल किया जा सकता हो। क्या आप किसी बच्चे के प्रेम को स्काइप कॉल पर उसी तरह से अनुभव कर सकते हैं, जैसे आप उसे गले लगाते हुए या सामने देखकर करते हैं? कभी नहीं।

निश्चित तौर पर, प्रौद्योगिकी सहायक होकर जीवन को थोड़ा आसान बना सकती है। यदि आप परिवार से दूर हों और आपके पास फोन या वीडियो कॉलिंग जैसे त्वरित संचार के माध्यम न हों तो तीन तक इंतजार करने के बाद अपने प्रियजनों तक पहुँचने की बात सोची भी नहीं जा सकती। इसलिए आज हमें निश्चित तौर पर प्रौद्योगिकी की जरूरत है। लेकिन वह हमारे भौतिक संबंधों की जगह नहीं ले सकती। साथ बैठकर चाय पीना और घंटों तक हँसते-मुसकराते हुए बिता देना उन 300 फेसबुक मित्रों के बराबर कभी नहीं हो सकता, जो मात्र आपके ऑनलाइन मित्र हैं।

पिछले अध्याय में हम पहले ही जान चुके हैं कि कैसे जुड़ाव और अपनेपन का भाव दीर्घकालिक प्रसन्नता का सबसे महत्त्वपूर्ण कारक होता है। इस खंड में हम कुछ अच्छी आदतें अपनाकर अपने परिवार, मित्रों व प्रियजनों के साथ अपने उन निजी संबंधों को और भी प्रगाढ़ करने के बारे में बात करेंगे।

पिछले अध्याय में हम पहले ही जान चुके हैं कि कैसे जुड़ाव और अपनेपन का भाव दीर्घकालिक प्रसन्नता का सबसे महत्त्वपूर्ण कारक होता है। इस खंड में हम कुछ अच्छी आदतें अपनाकर अपने परिवार, मित्रों व प्रियजनों के साथ अपने उन निजी संबंधों को और भी प्रगाढ़ करने के बारे में बात करेंगे।

- **एक-दूसरे संग अच्छा समय बिताएँ**

एक ऑस्ट्रेलियाई नर्स ब्रॉनी वेयर ने 'प्रशामक देखभाल' में उन मरीजों की देख-रेख में कई साल बिताए, जो अपने जीवन के अंतिम 12 सप्ताह में होते थे। उसने 'द टॉप फाइव रिग्रेट्स ऑफ द डाइंग' नामक

पुस्तक में उनके मरण की अनुभूतियों को दर्ज किया। अपने मित्रों से संपर्क में न रहना उन मरीजों के पाँच शीर्ष पछतावों में से एक था।

ऐसे कई अध्ययन किए गए हैं, जो यह साबित करते हैं कि मित्रों और परिवार के साथ बिताए जानेवाले अच्छे समय से हमारी खुशी पर भी बहुत गहरा असर पड़ता है। हार्वर्ड के प्रोफेसर डेनियल गिल्बर्ट के अनुसार, "हम प्रसन्न रहते हैं, जब हमारा एक परिवार होता है; हम प्रसन्न रहते हैं, जब हमारे दोस्त होते हैं और ऐसी लगभग अन्य सभी चीजें, जो हमें खुशी देती हैं, वे भी और अधिक परिवार के सदस्यों व मित्रों से जुड़ने के ही तरीके हैं।"

हार्वर्ड विश्वविद्यालय के एक अग्रणी मनोविश्लेषक एवं शोध मनोचिकित्सक तथा एक प्रोफेसर जॉर्ज ई. वेलिएंट के निर्देशन में 268 लोगों के जीवन का एक 72 वर्षीय अध्ययन किया गया।

हार्वर्ड विश्वविद्यालय के एक अग्रणी मनोविश्लेषक एवं शोध मनोचिकित्सक तथा एक प्रोफेसर जॉर्ज ई. वेलिएंट के निर्देशन में 268 लोगों के जीवन का एक 72 वर्षीय अध्ययन किया गया। उस अध्ययन में उन्होंने पाया कि हमारे जीवन में जो चीज वास्तव में मायने रखती है, वह है—दूसरे लोगों के साथ हमारे संबंध।

किसी व्यक्ति के सामाजिक जुड़ावों और उसकी समग्र प्रसन्नता के बीच की कड़ी का एक प्रमुख उदाहरण है—भाई-बहनों के बीच का करीबी संबंध। 65 वर्ष की उम्र में भी प्रसन्नचित्त रहनेवाले करीब 93 प्रतिशत पुरुषों के अपनी युवावस्था में अपने भाई-बहन के साथ करीबी संबंध थे।

• कुछ नया सीखना और साथ मिलकर चीजें करना

नई चीजें सीखना मजेदार हो सकता है, आत्मीयता को जन्म देता है और अपने प्रियजनों के साथ अच्छा समय बिताने की अनुमति देता है। इसके उदाहरण हैं—नाचना, ड्रॉइंग करना, पाइलेट्स, योग और खेल-कूद तथा अन्य। परिवार व मित्रों के साथ अच्छा समय बिताना न केवल अनमोल है, बल्कि एक-दूसरे से जुड़ने का एक बहुत अच्छा तरीका भी है।

नई चीजें सीखना मजेदार हो सकता है, आत्मीयता को जन्म देता है और अपने प्रियजनों के साथ अच्छा समय बिताने की अनुमति देता है। इसके उदाहरण हैं—नाचना, ड्रॉइंग करना, पाइलेट्स, योग और खेल-कूद तथा अन्य।

करने के लिए कितनी ही मजेदार चीजें होती हैं, जैसे कि बोर्ड गेम्स खेलना, सिनेमा देखना, बोलिंग, बेसबॉल तथा कई अन्य ऐसी गतिविधियाँ, जिनमें हम भाग ले सकते हैं। इसके अलावा, हमें एक-दूसरे को कभी-कभी सरप्राइज भी देना चाहिए, जैसे कि बच्चों को किसी थीम पार्क में ले जाना, अपने साथी के साथ कहीं घूमने जाना या उन्हें प्रेम-पत्र लिखना (जो कि आज के डिजिटल युग में कितना दुर्लभ है, फिर भी आपके साथी के लिए कितना निजी और गर्मजोशी भरा अनुभव है)।

• एक-दूसरे के लिए मौजूद रहना और एक-दूसरे के प्रति ईमानदार रहना

हम सभी गलतियाँ करते हैं और यह कुछ नया नहीं है, लेकिन हमें इस बात का भरोसा होना चाहिए कि हम अपनी असफलताओं और भय को किसी दोस्त के साथ यह सोचकर साझा कर सकें कि वे हमारे बारे में कोई राय नहीं बनाएँगे या हमारा मजाक नहीं उड़ाएँगे। आखिरकार,

हम सभी ऐसे काम कर बैठते हैं, जिस पर हमें गर्व नहीं होता या और भी बुरा कहें तो जिस पर हमें शर्मिंदगी महसूस होती हो। ऐसे समय पर, निश्चित रूप से हम यह भाषण नहीं सुनना चाहते कि हमारी हालत कितनी बुरी थी और हम नैतिक रूप से कितने कमजोर थे!

एक ऐसे मित्र का होना किसी कीमती वरदान की तरह ही है, जो हमारे बारे में कोई राय बनाए बिना हमें हमारी गलती का अहसास करा सके, हमारे उस अंतर्द्वंद्व से निपटने में हमारा सहायक हो सके, जो तब उठता है, जब हम ऐसे काम करते हैं, जिनके हमारे द्वारा किए जाने की सबसे कम उम्मीद होती है।

एक ऐसे मित्र का होना किसी कीमती वरदान की तरह ही है, जो हमारे बारे में कोई राय बनाए बिना हमें हमारी गलती का अहसास करा सके, हमारे उस अंतर्द्वंद्व से निपटने में हमारा सहायक हो सके, जो तब उठता है, जब हम ऐसे काम करते हैं, जिनके हमारे द्वारा किए जाने की सबसे कम उम्मीद होती है। किसी मसले का हल निकालना हो या अपने व्यवहार को सुधारने में मदद की जरूरत हो तो हमें किसी बाहरी व्यक्ति से एक प्यार भरे, तटस्थ व ईमानदार आकलन की जरूरत पड़ती ही है।

इस तरह से, किसी ऐसे व्यक्ति के साथ होते हुए काम कर पाना, जो आपको लेकर कोई राय न बनाए, किसी अनमोल तोहफे की तरह ही होता है। हर किसी को व्यक्ति के तौर पर आगे बढ़ने और अपने तनाव को बेहतर ढंग से सँभालने के लिए एक दोस्त की जरूरत पड़ती है। चूँकि किसी व्यक्ति द्वारा यह कार्य प्रेमवश किया जाता है, क्योंकि उसे सचमुच आपकी फिक्र होती है, इससे दोनों मित्रों के बीच का रिश्ता और भी मजबूत होता है।

- **एक-दूसरे की सराहना करें और कृतज्ञ बनें**

जैसा कि पहले उल्लेख किया गया है, कृतज्ञता आपके जीवन को जीने योग्य बनाती है। कृतज्ञता के बिना हमारे जीवन में बाहुल्य व प्रसन्नता—दोनों का ही आ पाना लगभग असंभव ही है।

हम सभी अपने-अपने तरीकों से विशिष्ट हैं। ईश्वर ने हमें विशेष प्रतिभाएँ दी हैं और हम सभी में कुछ अच्छे गुण हैं। एक-दूसरे की नुक्ता-चीनी करने और दोष निकालने के बजाय हमें एक-दूसरे के सद्‌गुणों की सराहना करनी चाहिए तथा उन्हें बढ़ावा देना चाहिए।

हम सभी अपने-अपने तरीकों से विशिष्ट हैं। ईश्वर ने हमें विशेष प्रतिभाएँ दी हैं और हम सभी में कुछ अच्छे गुण हैं। एक-दूसरे की नुक्ता-चीनी करने और दोष निकालने के बजाय हमें एक-दूसरे के सद्‌गुणों की सराहना करनी चाहिए तथा उन्हें बढ़ावा देना चाहिए। बेशक, जैसा कि पहले कहा जा चुका है, हमें रचनात्मक सुझाव देने चाहिए, जो दूसरे व्यक्ति की मदद कर सकें। यह हमारे निजी व व्यावसायिक दोनों ही जीवन में सत्य है। एक बार हम प्राप्तकर्ता के साथ एक प्रकार का रिश्ता और आराम का स्तर कायम कर लें तो हमें उसे सीधे फीडबैक देना चाहिए।

विकल्प के तौर पर, फीडबैक किसी व्यक्ति को किसी अन्य व्यक्ति के माध्यम से भी दिया जा सकता है, जिससे वह फीडबैक पाने में सहजता महसूस करे। एक सावधानी यह जरूर बरतनी चाहिए कि किसी ऐसे व्यक्ति को बिना माँगे सलाह बिल्कुल न दें, जो फीडबैक के प्रति सुग्राही न हो; क्योंकि इससे बात उलटी पड़ सकती है और इसका परिणाम भी एकदम विपरीत हो सकता है। सबसे अच्छा तो यही है कि

दूसरों में कमियाँ निकालने के बजाय हमें खुद अपने भीतर झाँककर अपने दोष निकालने चाहिए। जब हम लगातार दूसरों की आलोचना ही करते रहते हैं, तब खुद को पाने की और आत्म-सुधार की यात्रा पर विराम लग जाता है।

उदाहरण के तौर पर, यदि हम गाड़ी चला रहे हों तो सबसे जरूरी है ड्राइविंग पर ध्यान देना, ताकि हम सामने के रास्ते पर नजर रख सकें। हालाँकि, इसके बजाय हम इस पर ध्यान देना शुरू कर देते हैं कि अन्य लोग गाड़ी कैसे चला रहे हैं और फिर अपनी ड्राइविंग को भूल जाते हैं। ऐसा करने के लिए हमें पूरी तरह से ड्राइविंग रोकनी पड़ती है, जो कि संभव नहीं होता, क्योंकि हमें तो लगातार बढ़ते रहना होता है। इस मामले में बस, दुर्घटना होने भर की ही देर रहती है।

जीवन के बारे में भी यही सत्य है—हमें निरंतर जीते रहना है। हालाँकि, यदि हम पूरा ध्यान दूसरों की कमियों पर ही केंद्रित रखेंगे और खुद को जानने तथा आंतरिक विकास हेतु कोई प्रयास नहीं करेंगे तो निश्चित ही जीवन की सड़क पर कुछ बहुत ही बुरी दुर्घटनाएँ होने तय हैं।

जीवन के बारे में भी यही सत्य है—हमें निरंतर जीते रहना है। हालाँकि, यदि हम पूरा ध्यान दूसरों की कमियों पर ही केंद्रित रखेंगे और खुद को जानने तथा आंतरिक विकास हेतु कोई प्रयास नहीं करेंगे तो निश्चित ही जीवन की सड़क पर कुछ बहुत ही बुरी दुर्घटनाएँ होने तय हैं। इसलिए, क्यों न हम सबकुछ आसान रखें और खुद को बेहतर बनाने पर ध्यान केंद्रित करें!

• दूसरों का आकलन न करें

यदि हम किसी अधिकार या जिम्मेदारी को सँभालने की स्थिति में नहीं हैं, जहाँ हम किसी व्यक्ति के विकास के लिए जवाबदेह हों, जैसे कि किसी के माता-पिता होते हैं, तो हमें दूसरों के प्रति कोई राय नहीं बनानी चाहिए।

उसे प्रशिक्षण या परामर्श देते समय भी हमें एक कठोर निर्णायक के बजाय एक मार्गदर्शक की भूमिका को ग्रहण करना चाहिए। हमें नियंत्रण रखना सीखना चाहिए और बच्चों को गलती करके खुद सीखने देने के लिए सही मात्रा में आजादी देकर उनमें नैतिक मूल्यों के बीज डालने चाहिए।

मान लीजिए, कोई बच्चा है। उसे प्रशिक्षण या परामर्श देते समय भी हमें एक कठोर निर्णायक के बजाय एक मार्गदर्शक की भूमिका को ग्रहण करना चाहिए। हमें नियंत्रण रखना सीखना चाहिए और बच्चों को गलती करके खुद सीखने देने के लिए सही मात्रा में आजादी देकर उनमें नैतिक मूल्यों के बीज डालने चाहिए। चले बिना और फिर दौड़ना सीखते हुए गिरे बिना किसी ने भी कभी दौड़ना नहीं सीखा। उन्हें सवाल पूछने की आजादी दीजिए।

जिन संबंधों में हमें कोई अधिकार नहीं होता, वहाँ सबसे ठीक यही रहता है कि ज्यादा रोक-टोक न करें और बहुत बढ़-चढ़कर दूसरों के दोष न निकालें। सबसे अच्छा तो यही होगा कि हम खुद अपना मूल्यांकन करें, ताकि खुद को बेहतर बनाते हुए अपना विकास कर सकें; क्योंकि हम खुद ही वह व्यक्ति होते हैं, जिसके ऊपर हमारा कोई भी नियंत्रण होता है।

निराशाओं एवं रोष को नजरअंदाज करें। मन में किसी के प्रति द्वेष

व घृणा रखने से दूसरे व्यक्ति का तो कुछ नुकसान नहीं होता, बल्कि इससे मनुष्य के तौर पर हमारा अपना ही विकास रुक जाता है और अंत में किसी और के बजाय हम अपना ही नुकसान कर बैठते हैं।

जीवन हमेशा आपके अनुकूल नहीं होता है। जब हम किसी चीज से आगे बढ़ जाते हैं तो हमारा दिमाग हलका हो जाता है और द्वेष व घृणा के ताने-बाने में फँसे रहने के बजाय हम एक नए नजरिए से दुनिया को देख पाते हैं। जब भी किसी के प्रति घृणा महसूस हो, तब उस समय का ध्यान करना चाहिए, जब हमने किसी को अपने विचारों, शब्दों व कृत्यों से ठेस पहुँचाई थी और हमें उसके लिए क्षमा कर दिया गया था।

> *जीवन हमेशा आपके अनुकूल नहीं होता है। जब हम किसी चीज से आगे बढ़ जाते हैं तो हमारा दिमाग हलका हो जाता है और द्वेष व घृणा के ताने-बाने में फँसे रहने के बजाय हम एक नए नजरिए से दुनिया को देख पाते हैं।*

क्षमा से क्रिया व प्रतिक्रिया का चक्र टूट जाता है, जो एक शांत मस्तिष्क और एक बेहतर दुनिया में परिणत होता है। अपने निजी विकास के लिए यह आदत जरूर डालनी चाहिए। कोई भी मनुष्य पूर्णतः उत्कृष्ट नहीं होता, जिसमें हम भी शामिल हैं। लोग तो गलतियाँ करेंगे ही; हमें उसी उदारता व क्षमाभाव का प्रदर्शन करना चाहिए, जिसकी उम्मीद हम दूसरों से तब करते हैं, जब हम खुद गलतियाँ करते हैं।

• संपर्क में रहें

यह बहुत ही सरल और बुनियादी बात है। जो चीज आँखों से ओझल हो जाए, वह दिमाग से भी निकल जाती है।

सच्चे रिश्ते बनाने के लिए निकट संबंधियों व मित्रों से नियमित रूप से भेंट करते रहना अच्छा रहता है, खासतौर से जब आप एक ही शहर में रहते हों। यदि आप अलग-अलग शहरों में रहते हों तो कभी-कभार भेंट करते रहना चाहिए। एक-दूसरे को कॉल या संदेश तो कभी भी किया ही जा सकता है; और फिर संपर्क में बने रहने के लिए सोशल मीडिया भी तो है ही, बशर्ते यह आपके वास्तविक, ऑफलाइन रिश्ते-नातों की कीमत पर न हो!

पुरानी यादों को ताजा करने के लिए दिल खोलकर किसी को कभी एक चिट्ठी लिख देना कैसा रहेगा? हालाँकि, आपको यह भी ध्यान रखना है कि ताली दोनों हाथों से ही बजती है। किसी भी एकतरफा संबंध में जब दूसरा व्यक्ति कोई प्रतिक्रिया न दे रहा हो, तब शालीनता से अपनी-अपनी राहें अलग कर लेना ही उचित होता है।

पुरानी यादों को ताजा करने के लिए दिल खोलकर किसी को कभी एक चिट्ठी लिख देना कैसा रहेगा? हालाँकि, आपको यह भी ध्यान रखना है कि ताली दोनों हाथों से ही बजती है। किसी भी एकतरफा संबंध में जब दूसरा व्यक्ति कोई प्रतिक्रिया न दे रहा हो, तब शालीनता से अपनी-अपनी राहें अलग कर लेना ही उचित होता है। हमें नए दोस्त बनाने चाहिए और पुरानी मित्रता की भी सुध लेते रहनी चाहिए, विशेष रूप से तब, जब दूसरा पक्ष भी उस संबंध को बनाए रखने के लिए प्रयासरत हो।

अध्याय 8 : मुख्य बिंदु

दीर्घकालिक प्रसन्नता की कुंजी है परिवार, मित्रों और एक जैसी सोच रखनेवालों के साथ अपने संबंधों को प्रगाढ़ करना। अकेलेपन

और सामाजिक रूप से अलग-थलग रहने से शारीरिक व मानसिक स्वास्थ्य—दोनों पर ही बुरा असर पड़ता है।

जानिए कि कैसे परिवार व मित्रों संग अपने संबंधों को मजबूत बनाकर आप प्रसन्नता हासिल कर सकते हैं—

- एक-दूसरे के साथ अच्छा समय बिताएँ।
- कुछ नया सीखें और उसे साथ मिलकर करें।
- एक-दूसरे के प्रति ईमानदार रहें।
- एक-दूसरे की सराहना करें और कृतज्ञ बनें।
- दूसरों के प्रति कोई राय न बनाएँ।
- संपर्क में बने रहें।

□

9

निर्बंध प्रसन्नता के स्तंभ

"हर कोई पर्वत के शिखर पर पहुँचना चाहता है;
लेकिन सारी प्रसन्नता तो आपको तभी मिलती है,
जब आप चढ़ाई कर रहे होते हैं।"

—ऐंडी रूनी

अधिकतर लोगों को लगता है कि केवल कुछ घटनाओं के होने से ही खुशी मिलती है, उससे पहले नहीं।

आपने निम्नलिखित कुछ कथन सुने होंगे या खुद इन विचारों के बारे में सोचते रहे होंगे—

- मैं तब खुश होऊँगा, जब मेरे पास एक बड़ा घर होगा।
- मैं तब खुश होऊँगा, जब मेरे पास एक शानदार गाड़ी होगी।
- मैं तब खुश होऊँगा, जब मुझे एक बहुत ही अच्छा जीवनसाथी मिल जाएगा।
- मैं तब खुश होऊँगा, जब मेरे बैंक खाते में लाखों रुपए होंगे।
- मैं तब खुश होऊँगा, जब मुझे सबसे लैटेस्ट वर्जनवाला आइफोन मिल जाएगा।

उपर्युक्त सभी कथनों में क्या समानता है? ऐसे सभी मामलों में, हम किसी घटना के होने या किसी निश्चित भौतिक वस्तु को पाने से अपनी प्रसन्नता को जोड़ते हैं। हम यह सोचने की गलती करते हैं कि एक बार यह मुझे मिल जाए या वैसा हो जाए तो मुझे कुछ और नहीं चाहिए होगा। वर्तमान में खड़े होकर जब हम भविष्य की ओर देखते हैं, तब हम सोचते हैं कि एक बार वहाँ पहुँच जाएँ तो हमें पूर्ण संतुष्टि मिल जाएगी; लेकिन हमें यह अहसास नहीं होता कि एक बार अपनी प्रसन्नता के तथाकथित गंतव्य पर पहुँचने के बाद हमें और आगे की भी खुशी दिखाई देने लगती है। यह किसी मृग-तृष्णा की तरह है, जिसमें एक बार आप किसी बिंदु विशेष तक पहुँच जाएँ तो आप आगे के लिए कुछ और ढूँढ़ना शुरू कर देते हैं।

ऐसे सभी मामलों में, हम किसी घटना के होने या किसी निश्चित भौतिक वस्तु को पाने से अपनी प्रसन्नता को जोड़ते हैं। हम यह सोचने की गलती करते हैं कि एक बार यह मुझे मिल जाए या वैसा हो जाए तो मुझे कुछ और नहीं चाहिए होगा।

इस रवैए के साथ यही एक दिक्कत है—निश्चित रूप से बड़ा सोचना और बड़े लक्ष्यों के पीछे जाना अच्छी बात है। इसमें कुछ भी गलत नहीं है; लेकिन जब हम अपनी प्रसन्नता को उन घटनाओं के घटित होनेवाले खूँटे से बाँध देते हैं, तब हम खुद को एक दुष्चक्र में डाल देते हैं; क्योंकि हम अपनी प्रसन्नता की शर्तें तय कर लेते हैं। सबसे अच्छा परिदृश्य तो वह होगा, जब (क) लक्ष्य को पाने के लिए उत्साहित एवं प्रयास होने के साथ-साथ, (ख) हम उस तक पहुँचने के सफर का भी आनंद उठाएँ।

चलिए, अपने जीवन को कार चलाने की उपमा से समझते हैं।

जब आप किसी लंबे सफर पर निकलते हैं, तब आपको भलीभाँति ज्ञात होता है कि वहाँ तक पहुँचने के लिए आपको कार चलाते रहना होगा। अब कार चलाते समय यह आप पर निर्भर करता है कि आप पूरे सफर के दौरान उसमें लगनेवाले समय, सड़कों की हालत या अन्य बाह्य परिस्थितियों के बारे में शिकायत ही करते रहेंगे या फिर चेहरे पर एक मुसकान लिये हुए और अपनी ड्राइविंग क्षमताओं पर भरोसा रखते हुए गाड़ी चलाने पर ध्यान देंगे और यह विश्वास बनाए रखेंगे कि अगर गाड़ी चलाते रहे तो गंतव्य तक तो पहुँच ही जाएँगे।

जीवन भी एक सफर की तरह ही है। अंतर केवल इतना है कि जीवन का सफर कई वर्षों का है (कुछ घंटों का नहीं)। एक ऐसे सफर में, जिसमें आप ड्राइव कर रहे हों, आपको अपनी चालन क्षमताओं पर पूरा भरोसा होता है और इस बात की लगभग निश्चितता ही होती है कि आप गंतव्य तक पहुँच ही जाएँगे।

जीवन भी एक सफर की तरह ही है। अंतर केवल इतना है कि जीवन का सफर कई वर्षों का है (कुछ घंटों का नहीं)। एक ऐसे सफर में, जिसमें आप ड्राइव कर रहे हों, आपको अपनी चालन क्षमताओं पर पूरा भरोसा होता है और इस बात की लगभग निश्चितता ही होती है कि आप गंतव्य तक पहुँच ही जाएँगे। यह जानने के बावजूद कि कई ऐसे लोग, जो घर लौटने की निश्चितता मन में लेकर अपने घरों से निकलते हैं, वे सड़क दुर्घटनाओं में अपनी जान गँवा बैठते हैं; लेकिन इससे आप गाड़ी चलाना बंद नहीं कर देते, न ही इससे आपको सफर के बारे में कोई बेचैनी या तनाव होता है।

लेकिन हम अपने जीवन को किसी गाड़ी को चलाने की तरह नहीं देखते हैं। जीवन के सफर में, सफर के पलों का आनंद लेने और चेहरे

पर मुसकान लेकर संघर्ष करने के बजाय हम पूरे समय रास्ते में कुछ गलत होने की ही चिंता करते रहते हैं या अतीत में उठाए गए कुछ गलत कदमों का बोझ ही अपने मन में लिये फिरते हैं।

इतना ही नहीं, हम अपनी क्षमताओं पर भी संदेह करते रहते हैं और जीवन में विश्वास नहीं रखते। हमें लगता है कि हमें केवल तभी खुशी मिलेगी, जब हम अपने बनाए गए गंतव्य तक पहुँच जाएँगे (फिर चाहे वह एक बड़ा घर हो या कोई बड़ी गाड़ी हो या कोई निश्चित धनराशि); लेकिन हमें यह अहसास नहीं होता कि उस पल में कुछ नई समस्याएँ भी आ सकती हैं, जिनका पूर्वानुमान हम शायद अभी न लगा पा रहे हों।

इतना ही नहीं, हम अपनी क्षमताओं पर भी संदेह करते रहते हैं और जीवन में विश्वास नहीं रखते। हमें लगता है कि हमें केवल तभी खुशी मिलेगी, जब हम अपने बनाए गए गंतव्य तक पहुँच जाएँगे''

तो फिर, हमें क्या करना चाहिए? मेरा मानना है कि हमारा उद्देश्य प्रसन्नता के उस स्तर को पाने का होना चाहिए, जिसमें कोई शर्त न हो।

"मेरा दृढ़ विश्वास है कि मैं चाहे किसी भी परिस्थिति में रहूँ, मैं हमेशा खुश रहूँगी; क्योंकि मैंने यह जाना है कि हमारे दुःख व कष्टों का एक बहुत बड़ा भाग हमारी परिस्थितियों से नहीं, बल्कि हमारे मिजाज से तय होता है।"

—मार्था वॉशिंगटन

निर्बंध प्रसन्नता ही हमारा अंतिम लक्ष्य होना चाहिए, क्योंकि फिर हम खुद ही उस पर काबू पा सकते हैं। आप अभी और इसी समय प्रसन्न हो सकते हैं। प्रसन्न होने के लिए आपको बड़ी-बड़ी भौतिक वस्तुओं

या अन्य लोगों या किन्हीं अन्य परिस्थितियों की जरूरत नहीं है। आप मौजूदा क्षण में ही प्रसन्न हो सकते हैं। प्रसन्न होने का मतलब किसी भी प्रकार से निष्ठावान् न होना या अपने लक्ष्यों के प्रति गंभीर न होना बिल्कुल नहीं है; बल्कि प्रसन्न रहने से आपको अपने लक्ष्यों को हासिल करने के अवसर और भी बढ़ जाते हैं।

यहाँ आपको बिना किसी शर्त के प्रसन्नता दिलानेवाले चार स्तंभ दिए गए हैं—

तनाव व बेचैनी के जो भी भाव हम महसूस करते हैं, वे हमारे इस यकीन के कारण होते हैं कि कैसे वास्तविक रूप में प्रतिकूलता आने के बजाय परिस्थिति ही प्रतिकूल हो जाएगी। इसलिए हमें अपने यकीन करने की गुणवत्ता को बेहतर बनाने पर काम करने की जरूरत है।

1. खुद में/अपनी क्षमताओं पर विश्वास रखें

चलिए, मार्टिन सेलिग्मैन के 'ABC मॉडल' से शुरुआत करते हैं। इसका अर्थ है कि कैसे प्रतिकूलता पर यकीन—न कि खुद प्रतिकूलता—इससे उत्पन्न होनेवाले भावों को जन्म देता है! अन्य शब्दों में कहें तो भाव अनवरत रूप से बाहरी घटनाओं से उत्पन्न नहीं होते, बल्कि हमारी उस सोच से होते हैं, जो हम उन घटनाओं के प्रति रखते हैं और हम वास्तव में अपनी सोच को बदल सकते हैं।

तनाव व बेचैनी के जो भी भाव हम महसूस करते हैं, वे हमारे इस यकीन के कारण होते हैं कि कैसे वास्तविक रूप में प्रतिकूलता आने के बजाय परिस्थिति ही प्रतिकूल हो जाएगी। इसलिए हमें अपने यकीन करने की गुणवत्ता को बेहतर बनाने पर काम करने की जरूरत है। यकीन

किसी प्रमुख उपलब्धि का मात्र एक महत्त्वपूर्ण भाग ही नहीं है, बल्कि यकीन किसी भी दिशा में उठाए जानेवाले हमारे पहले कदम से पहले का सबकुछ है।

हम तब तक किसी कार्य के प्रति प्रतिबद्धता नहीं दिखाएँगे, जब तक कि मन में यह दृढ़ता से न बैठा लें कि वह हमारे लिए संभव है। अपने जीवन का कोई भी उदाहरण ले लें। जब तक कि आपने अपने लिए किसी लक्ष्य को पाने की संभावना पर यकीन नहीं किया, तब तक आपने कोई कदम नहीं उठाया। यह यकीन ही वह भाव लेकर आता है कि "हाँ, यह लक्ष्य प्राप्त कर पाना मेरे लिए संभव है।" यह आपके मन में परिणाम की निश्चितता का एक भाव उत्पन्न करता है।

हम तब तक किसी कार्य के प्रति प्रतिबद्धता नहीं दिखाएँगे, जब तक कि मन में यह दृढ़ता से न बैठा लें कि वह हमारे लिए संभव है। अपने जीवन का कोई भी उदाहरण ले लें। जब तक कि आपने अपने लिए किसी लक्ष्य को पाने की संभावना पर यकीन नहीं किया, तब तक आपने कोई कदम नहीं उठाया।

इसलिए, आपको खुद में और अपनी क्षमताओं पर एक दृढ़ विश्वास जगाने की जरूरत है। आप किसी विश्वास के बारे में लगातार सोचते रहकर उसे अपने मन में जगा सकते हैं, न कि आपको रोकनेवालों की सुनकर।

"बस, खुद पर यकीन रखिए।
चाहे आप यकीन न भी रखते हों तो भी।
कम-से-कम ऐसा करने का दिखावा करिए और फिर
कभी-न-कभी आप वास्तव में यकीन करने लगेंगे।"

—वीनस विलियम्स

यदि आपको अपना वह लक्ष्य मालूम है, जिसे आप हासिल करना चाहते हैं और आपको खुद पर तथा उस लक्ष्य को पाने की अपनी क्षमता पर विश्वास है तो आपको उसे पाने से कोई नहीं रोक सकता। इसलिए, खुद पर दृढ़ विश्वास रखना ही प्रसन्नता हासिल करने का ठोस आधार तय करता है, जो किसी भी घटना के होने पर आश्रित नहीं होता है।

2. एक विकासवादी मानसिकता अपनाएँ

दृढ़ विश्वास पैदा करने के साथ ही जो एक अन्य महत्त्वपूर्ण कारक है, वह है—एक विकासवादी मानसिकता अपनाना। एक शोधकर्ता और मनोवैज्ञानिक कैरल ड्वेक दो प्रकार की मानसिकताओं को परिभाषित करते हैं—

- नियत मानसिकता;
- विकासवादी मानसिकता।

चलिए, समझते हैं कि यह क्या है और कैसे एक विकासवादी मानसिकता विकसित की जा सकती है!

एक नियत मानसिकता में लोग यह मानते हैं कि उनकी बुद्धिमत्ता या अन्य मानसिक क्षमताएँ उनके नियत गुण हैं, जो बदले नहीं जा सकते हैं। इन लोगों का यह दृढ़ विश्वास होता है कि उनकी बुद्धिमत्ता व प्रतिभाएँ पत्थर की लकीर हैं और इसलिए वे उन्हें विकसित नहीं करते और उन्हें बेहतर नहीं बनाते। वे यह भी मानते हैं कि मात्र प्रतिभा होने से ही सफलता मिल जाती है और इसलिए एक पर्याप्त प्रयास करने की कोई जरूरत नहीं है।

एक नियत मानसिकतावाला व्यक्ति सोचता है कि यदि कुछ कठिन है और उसके लिए उसे कुछ प्रयास करने की जरूरत है तो उसमें उस योग्य प्रतिभा या क्षमता नहीं है। उनके लिए किसी चीज के लिए प्रयास

करने का अर्थ है कि वे पहले ही असफल हो चुके हैं।

दूसरी ओर, विकासवादी मानसिकता रखनेवाले लोगों का अंदर से यह मानना होता है कि उनका ज्ञान और उनकी बुद्धिमत्ता समय बीतने तथा अनुभव मिलने के साथ बढ़ सकते हैं। जब ऐसी मानसिकतावाले लोग यह मानते हैं कि वे उत्कृष्ट हो सकते हैं, तब उन्हें अहसास होता है कि उनके प्रयास का असर उनकी सफलता पर पड़ेगा। इसलिए, वे अधिक समय लगाते हैं, ताकि उच्च उपलब्धि हासिल हो।

अच्छी खबर यह है कि न्यूरोप्लास्टिसिटी की ताकत की बदौलत विकासवादी मानसिकता कोई भी विकसित कर सकता है। न्यूरोप्लास्टिसिटी जीवन भर आपके माहौल, व्यवहार, चिंतन व भावों में होनेवाले बदलावों के कारण—भौतिक व कार्यात्मक दोनों रूप से ही—आपके दिमाग की खुद को पुनर्व्यवस्थित करने की क्षमता होती है।

अच्छी खबर यह है कि न्यूरोप्लास्टिसिटी की ताकत की बदौलत विकासवादी मानसिकता कोई भी विकसित कर सकता है। न्यूरोप्लास्टिसिटी जीवन भर आपके माहौल, व्यवहार, चिंतन व भावों में होनेवाले बदलावों के कारण—भौतिक व कार्यात्मक दोनों रूप से ही—आपके दिमाग की खुद को पुनर्व्यवस्थित करने की क्षमता होती है।

विज्ञान ने यह दरशाया है कि हमारे जीवन भर न्यूरोप्लास्टिक बदलाव होते रहते हैं, चाहे उम्र या कोई अन्य कारक कुछ भी हो। बड़े लोगों में भी संज्ञानात्मक क्रियाओं—हम कैसे सीखते हैं, सोचते हैं, महसूस करते हैं और याद रखते हैं—में क्रांतिकारी बदलाव संभव होते हैं। आपके द्वारा दोहराई जानेवाली चीजों और आपके अनुभवों के

आधार पर आपका दिमाग भौतिक बदलाव लाता है।

यदि आप एक विकासवादी मानसिकता विकसित करना चाहते हैं तो सबसे आसान समाधान है—अच्छे लोगों से जुड़ना, उपयोगी इवेंट्स में जाना और नई-नई बातों के संपर्क में निरंतर रूप से अपने दिमाग को लाना। विकासवादी मानसिकता आगे भी आपके इस विश्वास को मजबूत करेगी कि लक्ष्यों को हासिल करने के अपने सफर में आप कुछ भी सीख सकते हैं। साथ ही, आप असफलता को भी सफलता के पायदानों की तरह देखना शुरू कर देते हैं। अपने बारे में दृढ़ विश्वास और एक विकासवादी मानसिकता का संयोजन आपको किसी भी प्रकार की नकारात्मक सोच से बचाकर रखता है। आप केवल उस पर ही ध्यान दें, जो मायने रखता है और फिर आप खुद को एक प्रवाह की स्थिति में महसूस करेंगे।

यदि आप एक विकासवादी मानसिकता विकसित करना चाहते हैं तो सबसे आसान समाधान है—अच्छे लोगों से जुड़ना, उपयोगी इवेंट्स में जाना और नई-नई बातों के संपर्क में निरंतर रूप से अपने दिमाग को लाना।

3. परिणाम पर अटूट आस्था या निश्चितता

आस्था क्या है?

शब्दकोश में 'आस्था' का अर्थ दिया गया है—'किसी ऐसी चीज में दृढ़ विश्वास, जिसका कोई साक्ष्य न हो,' या 'कुछ ऐसा, जिस पर दृढ़ता के साथ यकीन किया जा सकता हो।'

दुनिया के शीर्षस्थ रणनीतिक प्रशिक्षक टोनी रॉबिन्स इसे 'परिणाम की निश्चितता' के रूप में बताते हैं, जो आपके मन में उस समय होती है, जब आप अपने लक्ष्यों को पाने के लिए काम करना शुरू करते हैं।

वे कहते हैं कि हमारे किसी भी उद्यम में हमारी सफलता पूरी तरह से हमारे दिमाग में उस कार्य के परिणाम की निश्चितता पर निर्भर करती है; क्योंकि परिणाम के प्रति केवल हमारी निश्चितता ही हमें उन परिणामों को पाने हेतु आवश्यक गुणवत्तापूर्ण कर्म करने के लिए प्रेरित करेगी।

"सीढ़ियाँ न दिखने के बावजूद चढ़ने के लिए पहला कदम उठाना ही आस्था है।"

—मार्टिन लूथर किंग जूनियर

अपनी क्षमताओं पर दृढ़ विश्वास रखते हुए और एक विकासवादी मानसिकता के साथ हमें अतिरिक्त रूप से जो कुछ भी हमारे जीवन में घटित होता है, उसकी अच्छाई में पूर्ण आस्था का एक गहरा भाव उत्पन्न करने की जरूरत होती है। बेशक, इसका यह अर्थ नहीं है कि यदि हम किसी अपेक्षित परिणाम की निश्चितता पर अटूट आस्था या विश्वास रखते हैं तो जरूरी नहीं कि वह परिणाम हमें मिल ही जाए। ऐसे कई अन्य महत्त्वपूर्ण कारक भी होते हैं, जो एक महत्त्वपूर्ण भूमिका निभाते हैं और जिन पर हमारा कोई वश नहीं होता है। इसलिए अपने श्रेष्ठ प्रयासों के बावजूद कई बार हमें इच्छित परिणाम प्राप्त नहीं होते।

> ***अपनी क्षमताओं पर दृढ़ विश्वास रखते हुए और एक विकासवादी मानसिकता के साथ हमें अतिरिक्त रूप से जो कुछ भी हमारे जीवन में घटित होता है, उसकी अच्छाई में पूर्ण आस्था का एक गहरा भाव उत्पन्न करने की जरूरत होती है।***

लेकिन असफलताएँ आपकी प्रसन्नता को नहीं छीन सकती हैं,

क्योंकि आप पहले से ही एक विकासवादी मानसिकता अपनाते हुए चल रहे हैं। असफलता आपको अनुभव प्रदान करती है और परिस्थिति को बेहतर ढंग से सँभालने के लिए जरूरी कौशल विकसित करने के लिए आपको प्रेरित करती है।

आस्था होने का अर्थ है कि यदि चीज़ें आपकी इच्छानुसार न हों तो भी आपका भरोसा कायम रहता है। आपको यकीन होता है कि जीवन के पलटते हुए पन्नों में आपके लिए कुछ अच्छा जरूर छिपा हुआ है।

आस्था होने का अर्थ है कि यदि चीजें आपकी इच्छानुसार न हों तो भी आपका भरोसा कायम रहता है। आपको यकीन होता है कि जीवन के पलटते हुए पन्नों में आपके लिए कुछ अच्छा जरूर छिपा हुआ है। जब आप मन में आस्था रखते हैं तो आप पूरी दृढ़ता से यह मानते हैं कि चीजें आपके साथ नहीं हो रही हैं; वे तो आपके लिए हो रही हैं।

"याद रहे कि कभी-कभी जो आप चाहते हैं,
वह न मिलना भी आपकी शानदार किस्मत
का एक इशारा होता है।"

—दलाई लामा

4. निरंतर कर्म करते रहना

उपर्युक्त सभी तीरों को अपने तरकश में भरने के बाद अब बात करते हैं सतत कर्म करने की, जो आप अपने इच्छित लक्ष्य को पाने के लिए करते हैं।

आप जानते हैं कि अपने वंशाणुओं या परिस्थितियों को वश में नहीं किया जा सकता। लेकिन आपके कर्म आपके वश में होते हैं।

आपको यह भी अहसास है कि चूँकि हर चीज पर आपका नियंत्रण नहीं होता, इसलिए आप मन-ही-मन यह जानते हैं कि आपकी प्रसन्नता को परिणाम पर आश्रित नहीं होना चाहिए। आपको प्रसन्नता मिलती है कर्म करने से और गतिविधियों में शामिल होने से, न कि अपने अतीत या भविष्य के बारे में सोचते रहने से। जब आप सतत रूप से ठोस कदम उठाते हैं, तब आपके कार्य में प्रवाह आता है और अपनी गतिविधियों में रम जाने से आपको प्रसन्नता मिलती है।

आपको प्रसन्नता मिलती है कर्म करने से और गतिविधियों में शामिल होने से, न कि अपने अतीत या भविष्य के बारे में सोचते रहने से। जब आप सतत रूप से ठोस कदम उठाते हैं, तब आपके कार्य में प्रवाह आता है और अपनी गतिविधियों में रम जाने से आपको प्रसन्नता मिलती है।

इसलिए, यह इंतजार किए बिना कि कोई परिणाम आएगा और तब आप प्रसन्न होंगे, आप अपने किए जा रहे कार्य में ही तत्काल प्रसन्नता का अनुभव करते हैं, बल्कि मैं तो यह कहूँगा कि यह हर हाल में एक जीती हुई बाजी की तरह ही है; क्योंकि यदि आप आनंदित होते हैं और अपने कार्य के प्रवाह में रम जाते हैं तो इस बात के बहुत अधिक आसार होते हैं कि आपके कार्य की गुणवत्ता उस स्थिति से कहीं बेहतर होती है, जब आप उसे तनाव में कर रहे होते हैं।

इन चार तत्त्वों के संयोजन के चलते वर्तमान क्षण में तनाव के लिए कोई जगह नहीं बचती, क्योंकि एक विकासवादी मानसिकता लेकर आगे बढ़ते हुए आप कर्म करना कभी नहीं छोड़ते और इसलिए आप हमेशा सीखने तथा आगे बढ़ने के लिए तत्पर रहते हैं। आप खुद में और भविष्य में यकीन रखते हैं।

अंततः, जीवन का उद्‌देश्य अपने लक्ष्यों के प्रति प्रयासरत रहना ही है, क्योंकि विकास हमारी आत्मिक आवश्यकता है और साथ ही, हमें यह भी सुनिश्चित करना होता है कि हम उन लक्ष्यों को हासिल करने की अपनी क्षणिक प्रसन्नता में ही डूबकर न रह जाएँ।

एलेनॉर रूजवेल्ट ने एक बार कहा था, "यह सोचना मत छोड़िए कि जीवन एक रोमांच है।" यदि आप जीवन को एक रोमांच के तौर पर लेंगे तो राह में आनेवाली सभी चुनौतियों का भी आनंद उठाएँगे। उनसे बचने के बजाय आप आगे बढ़कर उन चुनौतियों का सामना करेंगे।

एलेनॉर रूजवेल्ट ने एक बार कहा था, "यह सोचना मत छोड़िए कि जीवन एक रोमांच है।" यदि आप जीवन को एक रोमांच के तौर पर लेंगे तो राह में आनेवाली सभी चुनौतियों का भी आनंद उठाएँगे। उनसे बचने के बजाय आप आगे बढ़कर उन चुनौतियों का सामना करेंगे।

अध्याय 9 : मुख्य बिंदु

हमारी प्रसन्नता को बाह्य घटनाओं के घटित होने पर आश्रित नहीं रहना चाहिए। यदि आप इन्हीं विचारों में उलझे रहेंगे कि "मैं तब खुश होऊँगा, जब…" (यानी कि कुछ होने या कुछ पाने पर) तो आपको अपनी मान्यताएँ बदलने की जरूरत है। मान्यताएँ बिना किसी शर्त की प्रसन्नता को पैदा करने में एक महत्त्वपूर्ण भूमिका निभाती हैं।

'ABC मॉडल' हमें यह बताता है कि कैसे प्रतिकूलता पर किया जानेवाला यकीन—न कि खुद प्रतिकूलता—इससे जुड़े भावों को जन्म देता है।

यदि आप अपने जीवन में निश्चल प्रसन्नता पाना चाहते हैं, भले ही

बाह्य परिस्थितियाँ कुछ भी हों, तो निम्नलिखित वे चार स्तंभ हैं, जो इस हेतु आपके बुनियादी कार्य को सुदृढ़ करेंगे—

- **खुद पर और अपनी क्षमताओं पर दृढ़ विश्वास रखें।**
- **एक विकासवादी मानसिकता अपनाएँ :** अपना माहौल बदलें और एक विकासवादी मानसिकता विकसित करने के लिए न्यूरोप्लास्टिसिटी की शक्ति का उपयोग करें।
- **अटूट आस्था :** परिणाम की निश्चितता का भाव पैदा करें। भले ही चीजें वैसी न हो रही हों, जैसा कि आप चाहते हैं तो भी यह मानें कि कुछ बेहतर आपकी प्रतीक्षा में है।
- **निरंतर कर्म करें :** अपने लक्ष्यों की प्राप्ति हेतु सतत रूप से कर्म करते हुए आप अपने कार्य में संलिप्त रहते हैं और आपके कार्य में एक प्रवाह आता है, जो आपको तत्काल प्रसन्नता प्रदान करता है।

□

निष्कर्ष

"प्रसन्नता कोई ऐसी चीज नहीं है, जिसे आप भविष्य के लिए स्थगित कर दें; इसे तो आप अपने वर्तमान के लिए तैयार करते हैं।"

—जिम रॉन

बधाई हो! आप इस पुस्तक के अंत पर पहुँच चुके हैं। अधिकतर पाठक पुस्तक को बीच में ही छोड़ दिया करते हैं; लेकिन आपने इसे पूरा किया, जिसके लिए आप शाबाशी पाने के हकदार हैं। मैं उम्मीद करता हूँ कि यह आपके लिए एक अच्छा सफर रहा और यह भी उम्मीद करता हूँ कि पुस्तक के इस आखिरी पन्ने को पढ़ते हुए आपके चेहरे पर एक मुसकान है। आखिरकार, यही तो मैं चाहता था—इस पुस्तक के जरिए एक प्रसन्न मन का निर्माण!

अब आप प्रसन्नता के मनोविज्ञान और उसके न्यूरोसाइंस को पढ़कर समझ चुके हैं। आपको अब मालूम है कि कैसे अपने विचारों और भावनाओं में उलझना नहीं है, बल्कि उन्हें एक दिशा देनी है। आपको यह भी मालूम है कि आदतें ही वह ठोस आधार होती हैं, जिनकी नींव पर प्रसन्नता की इमारत खड़ी होती है। आप उन सरल, लेकिन

कारगर आदतों के बारे में जानते हैं, जो आपके मस्तिष्क के तंत्रिका-तंत्र में नए रास्ते बनाती हैं। अब आप अपने प्रसन्न मस्तिष्क के साथ बेहतर निर्णय ले पाएँगे और बेहतर कार्य कर पाएँगे।

आपको पहले से ही मालूम है कि आदतें हमारे कर्मों को स्वतः नियंत्रित करते हुए हमें व्यवस्थित रखती हैं। एक अव्यवस्थित व्यक्ति को अपनी प्रतिबद्धताओं को पूरा करने में कठिनाई आती है, भले ही वह किसी मीटिंग में समय पर पहुँचने जैसी साधारण-सी चीज ही क्यों न हो! निष्कर्ष यही निकलता है कि आदतें हमारे अंदर अनुशासन का एक भाव उत्पन्न करती हैं और हमें एक ढाँचा प्रदान करती हैं, जिससे हम अपने जीवन तथा अपने समय का प्रबंधन कर सकते हैं।

आपको पहले से ही मालूम है कि आदतें हमारे कर्मों को स्वतः नियंत्रित करते हुए हमें व्यवस्थित रखती हैं। एक अव्यवस्थित व्यक्ति को अपनी प्रतिबद्धताओं को पूरा करने में कठिनाई आती है, भले ही वह किसी मीटिंग में समय पर पहुँचने जैसी साधारण-सी चीज ही क्यों न हो!

निरंतर और अच्छी तरह से अभ्यास किए जाने पर वे समय का सदुपयोग करते हुए हमारे श्रेष्ठ स्वरूप को सामने लाती हैं। विशेष रूप से आज की तेज रफ्तार एवं तनावपूर्ण जिंदगी में समय ही वह सबसे मूल्यवान् वस्तु है, जो किसी के पास हो सकती है। याद रखिए कि यह जीवन इस समय से ही बना हुआ है।

इसलिए, अब मैं उम्मीद करता हूँ कि आप हर रोज कम-से-कम कुछ आदतों को तो अभ्यास में लाने के प्रति खुद को समर्पित जरूर करेंगे।

जैसा कि लोग कहते हैं, 'ज्ञान ही शक्ति' है; लेकिन सत्य यह है कि

मात्र ज्ञान पा लेना ही पर्याप्त नहीं है। ज्ञान तो एक संभावित शक्ति है। यह वास्तव में शक्तिशाली तब बनता है, जब सतत कर्म की शक्ति के साथ इसका मेल होता है।

अब मैं गुजारिश करूँगा कि आप अपना कर्म करें, अच्छी आदतों को अपनाएँ और एक प्रसन्न मस्तिष्क का निर्माण करें। मुझे यकीन है कि ये सभी एक बाहुल्यतापूर्ण, आनंदमय व चिरकालिक जीवन की ओर आपको ले जाएँगे।

मैं आपके खुशियों भरे परिपूर्ण व शानदार जीवन की कामना करता हूँ।

□

पूरी पुस्तक का सार

अध्याय 1 : मुख्य बिंदु

प्रसन्नता इस पर निर्भर करती है कि आपके मन में क्या चल रहा है? यदि आप प्रसन्न रखना सीख लेते हैं तो इससे न केवल आपका शारीरिक व मानसिक स्वास्थ्य बेहतर होगा, बल्कि आपको बेहतर वित्तीय सफलता और एक लाभकारी कॅरियर भी प्राप्त होगा।

जिस प्रकार धन किसी व्यवसाय की मुद्रा होती है, उसी प्रकार प्रसन्नता भी आपके जीवन की मुद्रा होती है। आपका मुख्य उद्देश्य अपने लक्ष्यों को पाने की राह में अपनी प्रसन्नता के स्तरों को बढ़ाना होना चाहिए। आपकी प्रसन्नता को बाह्य घटनाओं पर आश्रित होने की जरूरत नहीं है। आप अपने जीवन में प्रसन्नता ला सकते हैं, लेकिन इसके लिए आपको कर्म करना होगा।

इसके लिए कुछ कठिन व स्थायी बदलाव करने होंगे, जिनमें आपको अपने जीवन के हर एक दिन प्रयास व समर्पण की आवश्यकता होगी। प्रसन्नता की राह पर चलने के लिए कर्म करना होता है; लेकिन यह भी मानकर चलिए कि प्रसन्नता पाने के लिए किया गया यह कर्म आपको एक अमीर और समृद्ध जीवन बिताने के लिए बहुत कुछ प्रदान कर सकता है।

अध्याय 2 : मुख्य बिंदु

बेशक, आपके जीवन में प्रसन्नता लाने में धन एक महत्त्वपूर्ण भूमिका निभाता है, लेकिन इसे ही अपनी प्रसन्नता का एकमात्र कारण मानकर हम एक बड़ी गलती कर बैठते हैं। पैसे की कमी के अलावा भी ऐसे बहुत से कारण हैं, जिनके चलते लोग आज के समय में खुश नहीं रहते हैं। यहाँ ऐसे कुछ आम कारण दिए गए हैं—

- **दूसरों के अतीत को जाने बिना उनके साथ बेवजह की तुलना करना :** यदि आप वह कीमत चुकाने को तैयार नहीं हैं, जो दूसरों ने चुकाई है तो फिर तुलना करने की कोई जरूरत नहीं है। इससे आपको केवल निराशा ही हाथ लगेगी।
- **एक ऑनलाइन कृत्रिम व्यक्तित्व बनाकर रखना :** एक बनावटी जीवन जीने से आप और भी अधिक तनाव में आ जाते हैं।
- **नकारात्मक लोगों से जुड़ाव :** वे आपसे आपकी सारी ऊर्जा और आपकी खुशी छीन लेते हैं।
- **अपने अतीत में ही उलझे रहना :** अगर आप सामने के शीशे में ही देखते रहेंगे तो अपनी गाड़ी कभी तेज नहीं चला सकते।
- **परिवार और दोस्तों की कमी :** मनुष्य का विकास दूसरों की संगति में ही होता है। सामाजिक रूप से खुद को अलग-थलग कर लेना बीमारी को भी न्योता दे सकता है।
- **अपने छोटे से चश्मे से दुनिया को देखना :** आप अकेले पूरी दुनिया का आईना नहीं हो सकते, इसलिए दूसरों के नजर से भी दुनिया को समझने की कोशिश करनी चाहिए।

- **कृतज्ञ न होना :** आपके पास जो कुछ भी है, उसके लिए यदि आप कृतज्ञ नहीं हैं तो और अधिक मिलने पर आपके अधिक प्रसन्न होने की कितनी संभावना हो सकती है? अधिक पाने की चाहत में जो है, उसका आनंद लेना न भूलें।

अध्याय 3 : मुख्य बिंदु

परिपूर्णता-रहित सफलता अंततः विफलता का ही रूप होती है।

सफलता के दो व्यापक पहलू या अवधारणाएँ हैं—हेडोनिया (यानी कि अधिक-से-अधिक आनंद के भावों और न्यूनतम पीड़ा के बारे में) और यूडेमोनिया (यानी कि प्रसन्नता अलग-अलग शक्तियों व खूबियों को विकसित करने तथा उनकी अभिव्यक्ति का परिणाम है)।

पूरी तरह से जीवन के आनंद की ओर ही केंद्रित होने के बजाय हमें एक अर्थपूर्ण जीवन जीने की ओर भी ध्यान देना चाहिए।

सकारात्मक मनोविज्ञान के जनक कहे जानेवाले मार्टिन सेलिग्मैन ने समय के साथ प्रसन्नता से जुड़े कुछ सिद्धांत विकसित किए और अंततः 'खुशहाली के सिद्धांत' या 'PERMA' मॉडल के निष्कर्ष पर पहुँचे। 'PERMA' एक संक्षिप्ताक्षर है, जिसमें प्रत्येक अक्षर एक ऐसे कारक का वर्णन करता है, जो मनुष्य की खुशहाली में एक महत्त्वपूर्ण भूमिका निभाता है। यह निम्नलिखित से बना है—

सकारात्मक मनोविज्ञान के जनक कहे जानेवाले मार्टिन सेलिग्मैन ने समय के साथ प्रसन्नता से जुड़े कुछ सिद्धांत विकसित किए और अंततः 'खुशहाली के सिद्धांत' या 'PERMA' मॉडल के निष्कर्ष पर पहुँचे।

P—(Positive Emotions) सकारात्मक भाव : अच्छा, आशावादी, प्रसन्न व आनंदमय महसूस करना।

E—(Engagement) सहभागिता : काम पूरा करना, रोचक शौक और प्रवाह।

R—(Relationship) संबंध : सामाजिक जुड़ाव, प्रेम, आत्मीयता, भावात्मक व भौतिक जुड़ाव।

M—(Meaning) अर्थ : किसी उद्‌देश्य का होना, जीवन का अर्थ मालूम करना।

A—(Accomplishments) उपलब्धियाँ : आकांक्षाएँ, वास्तविक लक्ष्य, महत्त्वपूर्ण उपलब्धियाँ एवं खुद पर गर्व महसूस करना।

'PERMA' मॉडल के सभी तत्त्व एक महत्त्वपूर्ण भूमिका निभाते हैं। इन सभी तत्त्वों पर उचित रूप से ध्यान देते हुए अपने जीवन की खुशहाली को और बेहतर किया जा सकता है।

अध्याय 4 : मुख्य बिंदु

मानवीय व्यवहार मुख्य रूप से किसी व्यक्ति की भौतिक व मनोवैज्ञानिक आवश्यकताओं से नियंत्रित होता है। मनुष्य की इच्छाएँ या आवश्यकताएँ उसे प्रसन्न होने के लिए जीवन के विभिन्न चरणों में अलग-अलग ढंग से कार्य और व्यवहार करने के लिए प्रेरित करती हैं।

I. मास्लो का आवश्यकताओं का पदानुक्रम

एक अमेरिकी मनोवैज्ञानिक अब्राहम मास्लो ने आवश्यकताओं का एक सिद्धांत विकसित किया, जहाँ उन्होंने यह समझाया कि कैसे मानवीय

आवश्यकताओं का भी एक पदानुक्रम होता है, जिसकी शुरुआत भौतिक आवश्यकताओं से होती है और जो उच्चतर बौद्धिक आवश्यकताओं की ओर बढ़ता है। यहाँ उन छह 'मानवीय आवश्यकताओं का पदानुक्रम' दिया गया है, जो जीवन के भिन्न-भिन्न चरणों में प्रसन्नता का मुख्य अभिप्रेरक बन जाता है—

- **भौतिक आवश्यकताएँ :** मानव शरीर के अस्तित्व रोटी, कपड़ा एवं मकान, यानी कि जीवन की मूलभूत आवश्यकताओं से संबंधित।
- **सुरक्षा संबंधी आवश्यकताएँ :** युद्ध व प्राकृतिक आपदा से सुरक्षा, आर्थिक सुरक्षा, स्वास्थ्य संबंधी सुरक्षा आदि।
- **प्रेम व अपनत्व :** परिवार, मित्र और किसी के साथ आत्मीय संबंध की आवश्यकता।
- **सम्मान :** दूसरों से आदर, महत्त्व, हैसियत व पहचान पाने की आवश्यकता।
- **आत्म-बोध :** जो कुछ भी व्यक्ति बन सकता है, वह बनने की चाह में सबकुछ करने की चाहत।
- **स्वातिगता :** खुद से भी ऊपर उठकर दुनिया में कुछ योगदान करने की इच्छा।

II. अंतर्निहित मनोवैज्ञानिक आवश्यकताएँ

आत्म-निर्धारण सिद्धांत के तहत प्रसन्नता के अंतिम स्तर में भीतरी अभिप्रेरणा आवश्यक होती है, जिसकी विशेषताएँ तीन ऐसी अंतर्निहित मनोवैज्ञानिक आवश्यकताएँ होती हैं, जो हमें लंबी समय तक प्रसन्न रखती हैं। ये निम्नलिखित हैं—

- मानवीय जुड़ाव की आवश्यकता।
- **दक्षता की आवश्यकता :** बतौर कॅरियर जो भी चुना जाए, उसमें कार्य-साधक होना।
- **स्वायत्तता की आवश्यकता :** किसी के भी द्वारा नियंत्रित न किया जाना और स्वतंत्र रूप से निर्णय लेने में सक्षम होना।

III. परिपूर्णता हेतु छह बुनियादी आवश्यकताएँ

टोनी रॉबिन्स ने परिपूर्णता हासिल करने की मनुष्य की आवश्यकताओं को दो अलग-अलग श्रेणियों—(1) हमारे व्यक्तित्व की चार आवश्यकताएँ और (2) हमारी दो आत्मिक आवश्यकताएँ में वर्गीकृत किया है, जिसका वर्णन निम्नलिखित रूप से किया गया है—

- **निश्चितता :** सुरक्षा, आराम व निरंतरता की आवश्यकता।
- **अनिश्चितता :** जीवन में नएपन या विविधता की आवश्यकता।
- **महत्त्व :** जो भी आप करते हैं, उस हेतु पहचान मिलने या आभार पाने की आवश्यकता।
- **प्रेम और अपनत्व :** दूसरों को प्रेम करने और उनसे प्रेम पाने तथा अपनापन महसूस करने की आवश्यकता।
- **विकास :** भौतिक, भावात्मक, मानसिक व आध्यात्मिक सहित सभी स्तरों पर विकास।
- **योगदान :** दुनिया में बदलाव लाकर अपने जीवन को अर्थपूर्ण बनाने की चाहत।

अध्याय 5 : मुख्य बिंदु

हमारा मस्तिष्क इस ग्रह के सबसे जटिल व गूढ़ रासायनिक कारखानों में से एक है। हमारे सभी भावों के पीछे, चाहे वह खुशी हो, गम हो, प्रेम हो, लालच हो या फिर दु:ख—हमारे मस्तिष्क के भीतर ढेरों रसायनों के बीच होनेवाली एक अंत:क्रिया होती है।

निरंतर प्रसन्नता को अनुभव करते रहने के लिए हमें तरीके ढूँढ़ने पड़ेंगे और यह सुनिश्चित करना पड़ेगा कि हम अपने मस्तिष्क के चार प्रमुख रसायनों का भीतरी प्रवाह सक्रिय कर सकें। आमतौर पर 'DOSE' संक्षिप्ताक्षर में दरशाए जानेवाले ये रसायन प्रवाहित होने पर हमें प्रसन्नता का अहसास देते हैं।

- **Dopamine (डोपामाइन)** : प्रत्याशा से सक्रिय होता है और हमें अपने लक्ष्यों के प्रति कर्म करने के लिए प्रेरित करता है।
- **Oxytocin (ऑक्सिटोसिन)** : मानवीय जुड़ाव का एक भाव अपने प्रियजनों को जितना अधिक आप गले लगाएँगे या उनसे हाथ मिलाएँगे, उतना अधिक इसका प्रवाह होगा।
- **Serotonin (सेरोटोनिन)** : यह आपको महत्त्वपूर्ण महसूस कराता है; पिछली उपलब्धियों को याद करके इसके प्रवाह को बढ़ाया जा सकता है।
- **Endorphin (एंडॉर्फिन)** : दर्द से लड़ने में मदद करता है। नियमित रूप से व्यायाम करने से इसका प्रवाह बना रहता है।

संक्षेप में, प्रसन्नता का रोज का 'डोज' पाने के लिए निम्नलिखित गतिविधियाँ करनी चाहिए—

- व्यायाम (जैसे कि दौड़ना या टहलना)।
- हँसना/रोना।
- अपने मित्रों को गले लगाना/उनसे हाथ मिलाना।
- कुछ अच्छे की प्रत्याशा रखना। अपना एक वेकेशन बुक कर लेना, भले ही वह एक सप्ताहांत के लिए ही क्यों न हो। जब आप किसी चीज की प्रत्याशा कर रहे होते हैं, तब आप प्रसन्न होते हैं।
- लक्ष्य निर्धारित करना और उन्हें प्राप्त करना।
- सामाजिक संबंध स्थापित करना। दूसरों के अच्छे कामों के लिए उनकी सराहना करना। कुछ कामों की जवाबदेही स्वीकार करना और अभिस्वीकृत किए जाने पर आनंदित महसूस करना।

अध्याय 6 : मुख्य बिंदु

आत्म-सचेतता ही अपने मन को नियंत्रण में रखने की कुंजी है। आत्म-सचेतता पाने का यही तरीका है कि खुद को अपने विचारों व भावों से मुक्त कर लिया जाए।

निरंतर प्रसन्न रहने के लिए गहराई से सचेत रहने की जरूरत होती है।

निम्नलिखित आदतें आपको अपने मन से मुक्त होने के साथ-साथ अपने निजी जीवन में प्रसन्न रहने में भी मदद करेंगी—

- कृतज्ञ बनें
- गहरी साँस लें
- नियमित व्यायाम करें

- जर्नलिंग के द्वारा अपना दिमाग हलका रखें
- ध्यान लगाया करें
- अच्छे लोगों से खुद को घिरा रखें
- रोज कोई नेक काम करें।

सबसे अच्छी बात यह है कि इन आदतों को अपने रोजमर्रा के जीवन में अपनाने के लिए आपको बहुत ज्यादा समय की जरूरत भी नहीं होती है।

मान लीजिए कि आप बहुत व्यस्त भी हैं, फिर भी, यदि आप केवल आधा घंटा भी देंगे तो उपर्युक्त आदतों को आप अपने रोज के जीवन में अपना सकते हैं। अधिक स्पष्ट रूप से कहा जाए तो कृतज्ञता व्यक्त करने में 2 मिनट से अधिक नहीं लगेंगे, 5 मिनट में जर्नलिंग की जा सकती है, श्वसन व ध्यान संबंधी अभ्यास 15 मिनट में किए जा सकते हैं। हर रोज आप 10 मिनट का गहन व्यायाम कर सकते हैं और सप्ताहांत पर और ज्यादा भी कर सकते हैं।

अधिक स्पष्ट रूप से कहा जाए तो कृतज्ञता व्यक्त करने में 2 मिनट से अधिक नहीं लगेंगे, 5 मिनट में जर्नलिंग की जा सकती है, श्वसन व ध्यान संबंधी अभ्यास 15 मिनट में किए जा सकते हैं। हर रोज आप 10 मिनट का गहन व्यायाम कर सकते हैं और सप्ताहांत पर और ज्यादा भी कर सकते हैं।

और यह अतिरिक्त आधा घंटा सोने के बाद 30 मिनट पहले उठकर निकाला जा सकता है। आप सुबह या शाम के अपने समय में से भी अन्य गतिविधियों में से थोड़ा-थोड़ा समय निकाल सकते हैं।

आधे घंटे का नियमित अभ्यास करने से भी आपको उच्चतर आत्म-

सचेतता, कम होते तनाव के रूप में परिणाम मिलने शुरू हो जाएँगे और कुछ ही सप्ताह में आपके जीवन में शांति एवं आनंद का प्रवेश होने लगेगा।

अध्याय 7 : मुख्य बिंदु

जागकर बिताया जानेवाला हमारा काफी समय तो हमारा काम ही खा जाता है और एक तरह से हमारा काम ही दुनिया में हमारी पहचान बनाता है। हम अपने काम के प्रति कैसा रवैया रखते हैं, इसी पर यह भी निर्भर करता है कि हम उसे केवल एक जॉब या एक कॅरियर या फिर एक उद्यम के रूप में देखते हैं।

अकेले या अन्य लोगों के साथ मिलकर काम करते हुए प्रसन्नता पाने के लिए हमें अपने दैनिक जीवन में निम्नलिखित आदतों को शामिल करना चाहिए—

- काम पर या अन्य लोगों के साथ किसी मीटिंग के समय वक्त के पाबंद बनें।
- किसी भी बातचीत की अच्छी शुरुआत कीजिए।
- रोज प्रवाह की स्थिति में पहुँचिए।
- कुछ देर पूरी तरह से आराम कीजिए।
- सीखने को तत्पर रहिए।
- अधिक-से-अधिक नेटवर्क बनाइए।
- दूसरों की मदद करने पर ध्यान दीजिए।

अध्याय 8 : मुख्य बिंदु

दीर्घकालिक प्रसन्नता की कुंजी है परिवार, मित्रों और एक जैसी सोच रखनेवालों के साथ अपने संबंधों को प्रगाढ़ करना। अकेलेपन

और सामाजिक रूप से अलग-थलग रहने से शारीरिक व मानसिक स्वास्थ्य—दोनों पर ही बुरा असर पड़ता है।

जानिए कि कैसे परिवार व मित्रों संग अपने संबंधों को मजबूत बनाकर आप प्रसन्नता हासिल कर सकते हैं—

- एक-दूसरे के साथ अच्छा समय बिताएँ।
- कुछ नया सीखें और उसे साथ मिलकर करें।
- एक-दूसरे के प्रति ईमानदार रहें।
- एक-दूसरे की सराहना करें और कृतज्ञ बनें।
- दूसरों के प्रति कोई राय न बनाएँ।
- संपर्क में बने रहें।

हमारी प्रसन्नता को बाह्य घटनाओं के घटित होने पर आश्रित नहीं रहना चाहिए। यदि आप इन्हीं विचारों में उलझे रहेंगे कि 'मैं तब खुश होऊँगा, जब…' (यानी कि कुछ होने या कुछ पाने पर) तो आपको अपनी मान्यताएँ बदलने की जरूरत है।

अध्याय 9 : मुख्य बिंदु

हमारी प्रसन्नता को बाह्य घटनाओं के घटित होने पर आश्रित नहीं रहना चाहिए। यदि आप इन्हीं विचारों में उलझे रहेंगे कि 'मैं तब खुश होऊँगा, जब…' (यानी कि कुछ होने या कुछ पाने पर) तो आपको अपनी मान्यताएँ बदलने की जरूरत है। मान्यताएँ बिना किसी शर्त की प्रसन्नता को पैदा करने में एक महत्त्वपूर्ण भूमिका निभाती हैं।

'ABC मॉडल' हमें यह बताता है कि कैसे प्रतिकूलता पर किया जानेवाला यकीन—न कि खुद प्रतिकूलता—इससे जुड़े भावों को जन्म देता है।

यदि आप अपने जीवन में निश्चल प्रसन्नता पाना चाहते हैं, भले ही बाह्य परिस्थितियाँ कुछ भी हों, तो निम्नलिखित वे चार स्तंभ हैं, जो इस हेतु आपके बुनियादी कार्य को सुदृढ़ करेंगे—

- **खुद पर और अपनी क्षमताओं पर दृढ़ विश्वास रखें।**
- **एक विकासवादी मानसिकता अपनाएँ :** अपना माहौल बदलें और एक विकासवादी मानसिकता विकसित करने के लिए न्यूरोप्लास्टिसिटी की शक्ति का उपयोग करें।
- **अटूट आस्था :** परिणाम की निश्चितता का भाव पैदा करें। भले ही चीजें वैसी न हो रही हों, जैसा कि आप चाहते हैं, तो भी यह मानें कि कुछ बेहतर आपकी प्रतीक्षा में है।
- **निरंतर कर्म करें :** अपने लक्ष्यों की प्राप्ति हेतु सतत रूप से कर्म करते हुए आप अपने काम में संलिप्त रहते हैं और आपके कार्य में एक प्रवाह आता है, जो आपको तत्काल प्रसन्नता प्रदान करता है।

□□□